Sigrid Bairlein / Gerdi Kuyten

Freiarbeit in der Heimat- und Sachkunde – Grundschule

3. Jahrgangsstufe

Kopiervorlagen

Gezeichnet von Margit Sillaber

Verlag Ludwig Auer Donauwörth

Gedruckt auf umweltbewußt gefertigtem, chlorfrei gebleichtem
und alterungsbeständigem Papier.

3. Auflage. 1996

Gesamtherstellung: Ludwig Auer GmbH, Donauwörth
ISBN 3-403-0**2249**-8

Inhalt

Vorwort

Hinter den Begriffen „Freiarbeit“, „Freie Arbeit“ oder „Offener Unterricht“ verbirgt sich ein pädagogischer Ansatz, der dem Lehrer Möglichkeiten für einen anderen, freieren Unterricht eröffnet. Seit vielen Jahren unterrichten wir in der 3. und 4. Jahrgangsstufe und wissen aus Erfahrung, daß offene und differenzierende Lernformen den Bedürfnissen von Grundschulkindern ganz besonders entgegenkommen.
Freiarbeit ist nicht mehr nur ein Schlagwort oder eine Modeerscheinung, sie hat Einzug in alle Schultypen gehalten und ist in die Lehrpläne verschiedener Bundesländer aufgenommen worden.

So nennt der Lehrplan für die Grundschule in Bayern für die 3. Jahrgangsstufe folgende Ziele und Aufgaben für den Heimat- und Sachkundeunterricht:

- die Entwicklung des Kindes in seiner Ganzheit als Person,
- das Hineinwachsen des Kindes in seine Lebenswelt,
- Verantwortung für den Mitmenschen und den gemeinsamen Lebensraum,
- kritische Auseinandersetzung mit Unzulänglichkeiten in der Umwelt,
- Vermittlung einfacher Kenntnisse und Einsichten über die Heimat,
- Förderung des Erlebens von Gemeinschaft,
- Einübung sozialer Tugenden.

Die oben genannten Ziele sollen das Kind zu differenziertem Erleben, Wahrnehmen und Denken sowie zu selbständigem und verantwortlichem Handeln führen.
Um dieses Vorhaben zu erreichen, bietet sich die offene Unterrichtsform geradezu an. Voraussetzung für das Freie Arbeiten ist ein vielfältiges Angebot an Materialien zu den einzelnen Themen, wobei bisher die Arbeitsmaterialien für dieses Fach allerdings meist vom Lehrer selbst hergestellt werden mußten.
Als Arbeitserleichterung für den Lehrer wurde der vom Lehrplan vorgesehene Stoff der 3. Jahrgangsstufe in verschiedene Materialien eingearbeitet. Aus den Kopiervorlagen lassen sich Lernschieber, Stöpselkarten, Puzzles, Memory-Spiele und andere Materialien leicht selbst anfertigen. Eine detaillierte Arbeitsanleitung sowie Hinweise zum Einsatz im Unterricht sind im Buch enthalten.

1. Freiarbeit – Was ist das?

Der Begriff der „Freien Arbeit“ oder der „Freiarbeit“ ist nicht neu. Er stammt aus der Reformpädagogik (Montessori, Freinet, Peter Petersen, ...), die von den Bedürfnissen des Kindes ausgeht. Tief verwurzelt ist hier der Respekt vor der Einmaligkeit des Kindes, der die zentralen „montessorischen Freiheiten“ in Schule und Unterricht bedingt. In Montessoris Grundriß des Unterrichts- und Schullebens gehören drei Freiheiten: Die „Freiheit des Interesses“, die „Freiheit der Kooperation“ und die „Freiheit der Zeit“... Diese drei Freiheiten bedingen einander und bilden einen unauflöslichen Zusammenhang.

Übertragen auf die heutige Schulsituation meint Freiarbeit einen Freiraum für das Kind, in dem es Arbeitsmaterial, Sozialform und Arbeitstempo frei wählen kann. Die Erfahrung zeigt, daß die Schüler während der Freiarbeit zu ausdauerndem, selbständigem und konzentriertem Arbeiten angeregt werden. Sie erfahren dabei ihre Grenzen und Möglichkeiten. Durch freie Wahl von Thema und Arbeitsform geht jeder Schüler seinen Neigungen nach, erprobt sie und entwickelt sie oft sogar weiter.

Immer wieder kann man feststellen, wie dadurch, daß die Kinder den zu bearbeitenden Sachverhalt sowie das Material selbst wählen dürfen, die Lernfreude wächst. In der freien Arbeit kann Über- bzw. Unterforderung weitgehend vermieden werden, da Arbeitsmaterial mit unterschiedlichem Anforderungscharakter zur Verfügung steht. Der Wechsel der Sozialformen wird von den Kindern ganz natürlich gemeistert. Partner-, Gruppen- oder auch Einzelarbeit ist kein Problem mehr, da der Schüler sich in den meisten Fällen die Form selbst auswählen kann.

Freiarbeit ist kein Ersatz für den stärker vom Lehrer geplanten und gelenkten Klassenunterricht. Es geht nicht um die Alternative Freiarbeit *oder* geschlossener Unterricht, sondern die beiden Formen ergänzen sich in verschiedener Hinsicht. Freies Arbeiten muß auf dem Hintergrund eines pädagogischen Grundverständnisses gesehen werden, das dem Kind etwas zutraut, auf seine Leistungsfähigkeit und seinen Leistungswillen setzt.

Neben allen positiven Auswirkungen muß gesagt werden, daß Freiarbeit bei allen Beteiligten ein hohes Maß an Disziplin voraussetzt.

Die Schüler müssen lernen, welches Verhalten erforderlich ist

1) zur Sache, zum Unterrichtsinhalt,
2) zu ihren Mitschülern,
3) zum Material.

Diese Arbeitsform ist keinesfalls mit Lärm, Unordnung und Chaos verbunden. Die Kinder folgen verbindlichen Regeln, die sich auf den Umgang mit den Materialien, auf die Mitschüler, auf das Verhalten in der Klasse sowie auf einzelne Lernsituationen beziehen.

Ziel der freien Arbeit ist Erziehung zur Selbständigkeit durch Selbsttätigkeit in Selbstverantwortung. Sie macht den Lehrer nicht überflüssig, es verändern sich lediglich Handlungsdominanz und Lehrerrolle. Der Lehrer wird mehr und mehr zum Organisator, zum individuellen Lernberater und -helfer, zum Ansprechpartner für jedes Kind.

Auch Mißerfolge und kritische Stimmen stellen sich zur Freiarbeit ein, die aber keinen Lehrer hindern sollten, seinen Unterricht durch entsprechende Arbeitsweisen zu verändern. Selbständiges Arbeiten gelingt u. E. in der Freiarbeit besser als im geschlossenen Unterricht, in dem der Lehrer die dominante Direktive, der Schüler die untergeordnete Rolle einnimmt.

2. Grundlegende Voraussetzungen für Freies Arbeiten

Das Gelingen der Freiarbeit ist in entscheidendem Maße von der unterrichtlichen Gesamtatmosphäre abhängig. Es gilt, alle Beteiligten zu berücksichtigen: die Kinder, die Kollegen, die Vorgesetzten, die Eltern und nicht zuletzt den Lehrer selbst.

2.1 Lehrer

Ein Lehrer, der Freiarbeit in seinem Unterricht, in einer Schule, in der er der „Vorläufer“ dieser Idee ist, einsetzen will, tut sich wesentlich schwerer, als ein Lehrer, der in einem diesbezüglich aufgeschlossenen Kollegium arbeitet. Ein Lehrer, der Freiarbeit zu einem festen Bestandteil seines Unterrichts machen möchte, muß bereit sein, Schwierigkeiten und Mehrbelastung in Kauf zu nehmen. Er muß bei der Öffnung des Unterrichts nach außen und innen in der Lage sein, ständig das notwendige Gleichgewicht zwischen den Anforderungen des Lehrplans einerseits sowie den Interessen der Kinder und der Eigengesetzlichkeit dieser Unterrichtsform andererseits herzustellen. Er muß eine Verbindung suchen zwischen den Ansprüchen der Sache und der freien Arbeit. Offener Unterricht erwartet einen offenen, engagierten Lehrer. In der Freiarbeit hat der Lehrer nicht mehr die aktive, dominante Position im Unterrichtsgeschehen, vielmehr übernimmt er eine neue Rolle, die eines helfenden Beraters. Es ist nicht leicht, plötzlich das Konzept aus der Hand zu geben. Man kommt sich oft überflüssig vor, da die Schüler selbständig arbeiten. Dieses Problem löste sich jedoch sehr schnell, es blieb endlich mehr Zeit für bestimmte Kinder.

Eine weitere Voraussetzung muß der Lehrer in der Freiarbeit erfüllen, er muß andere Lernbedingungen akzeptieren. Arbeiten die Schüler auf Teppichfliesen oder auf der Couch in der Leseecke, sollte er bereit sein, sich zu ihnen zu setzen. Die Distanz zwischen Lehrer und Schüler verringert sich so in erfreulichem Maße.

Weiterhin muß der Lehrer einiges Organisationsgeschick mitbringen. Er soll eine Umgebung gestalten, in der es dem Schüler möglich ist, sich frei zu entwickeln.

Freiarbeit benötigt Lehrer, die bereit sind, sich auch in der Materialbereitstellung zu engagieren. Trotz Hilfe von Kollegen (Austauschen oder Leihen von Material), trotz der Freizügigkeit des Rektors (viele Materialien wurden gekauft) wird man immer wieder feststellen, daß das Material nicht ausreicht. So haben wir viel Zeit damit verbracht, zunehmend individuelle Arbeitsmittel zu schaffen, da die im Handel angebotenen nicht immer die unterrichtliche Situation treffen. Weiterhin muß die Lehrkraft die Handhabung und Regeln der Materialien kennen, um die Schüler in ihren Gebrauch einzuführen.

Der Lehrer muß in der Lage sein, seine Freiarbeit zu verteidigen, unsichere Eltern aufzuklären oder Kritikern mit stichhaltigen Argumenten entgegenzutreten. Das setzt voraus, daß der Lehrer sich intensiv mit der Problematik auseinandergesetzt hat und sich mit dieser Unterrichtsform identifiziert.

2.2 Schüler

Bei den ersten Freiarbeitsversuchen in unseren Klassen erkannten die Schüler schnell, daß zum Erreichen von Zielen und zum Umgang in der Gruppe bestimmte Verhaltensweisen notwendig sind. Sie haben gelernt

- in Ruhe zu arbeiten,
- Aufgaben in einer bestimmten Zeit zu erledigen,
- verantwortungsvoll mit dem Material umzugehen,
- mit einem oder mehreren Partnern zusammenzuarbeiten,
- den Freiraum nicht zu mißbrauchen,
- sich im Klassenzimmer, beim Arbeitsmaterial zu orientieren,
- Regeln anzuerkennen und zu befolgen,
- Ordnung zu halten,
- Material nicht liegen zu lassen, sondern es wieder auf seinen Platz zurückzubringen u. v. m.

Schwierigkeiten gibt es lediglich mit einigen Kindern, die meinen, Freiarbeit sei jeden Tag eine Stunde des Nichtstuns. Diese Schüler verlangen größere Beachtung, damit sie ihre Zeit nicht vergeuden.

Als Hilfe zur Einhaltung der notwendigen Regeln kann man in der Klasse Plakate aufhängen, welche die Schüler immer wieder daran erinnern, wie sie sich verhalten sollen. So erübrigt es sich, zur Einhaltung der nötigen Disziplin und Lautstärke immer wieder „Ruhe, bitte!“ zu rufen, sondern man geht zu dem betreffenden Schüler hin und deutet stumm auf das Plakat. So wird ohne lautes Ermahnen die Ruhe wieder hergestellt.

2.3 Räumlichkeiten

Bei der Freiarbeit unterscheidet sich das Klassenzimmer grundsätzlich von Klassenzimmern, in denen nur im geschlossenen Unterricht gelernt wird. Die Schüler brauchen Ruhezonen und Bewegungszonen, sie sollen hier z. B. basteln können, während andere Gruppen experimentieren, spielen, miteinander sprechen oder still lesen. Wenn man diese verschiedenen Tätigkeiten bedenkt, ist es einsichtig, daß das Zimmer in Zonen aufgeteilt wird. Ideal wäre natürlich ein großes Klassenzimmer, doch meist hat man nur kleine Räume und hohe Schülerzahlen. Hier kommt es dann auf das Organisationsgeschick des Lehrers an. Mit dem Aufstellen von Regalen oder alten Schränken hat man optisch schon eine Ecke geschaffen. Natürlich hat man wohl in den seltensten Fällen alte Möbel, auf die man zurückgreifen kann. Deshalb wurde das Problem beim Elternabend besprochen: Binnen kürzester Zeit waren wir glückliche Besitzer von zwei alten Sofas, einem Regal, Teppichfliesen, Teppichstükken und einem Tisch. Übriggebliebene Schulbänke dienen nun als Basteltische.

Kann man keine zusätzlichen Arbeitstische aufstellen, sollte es für alle Schüler möglich sein, sich im Raum frei

zum Arbeitsmaterial zu bewegen, so daß die Schüler an ihrem Platz arbeiten können. Auch die Fensterbänke werden als Stellflächen genutzt, z. B. für Bücher, Stopfpräparate, gebastelte Werke der Schüler etc.
Ziel des Einrichtens und Ausgestaltens ist es, aus einem sterilen Klassenzimmer einen wohnlichen Werkraum zu schaffen.

2.4 Arbeitsmaterial

Der Lehrer, der Freiarbeit plant, merkt schnell, daß diese Unterrichtsform mehr Material verlangt als der geschlossene Unterricht. Wer freie Arbeit auf Lernspiele oder Arbeitsblätter beschränkt, hat u. E. ihre Bedeutung nicht verstanden. Es gibt verschiedene Materialien, die in der Freiarbeit eingesetzt werden können.

2.4.1 Gekauftes Material

Das im Handel erhältliche Material hat den großen Vorteil, daß man wenig Arbeit damit hat. Man kauft es, liest die Spielanleitung durch, vermittelt die Idee den Kindern, und das Material kann im Freiarbeitsschrank seinen Platz finden. Die Nachteile darf man aber nicht übersehen: Im allgemeinen wird der Erwerb für den einzelnen zu teuer. Ist es in der Schule vorhanden, kann man es nicht als „ständiges" Material im Klassenzimmer deponieren. Außerdem trifft es nicht immer genau den erarbeiteten Stoff.

2.4.2 Vom Lehrer hergestelltes Material

Dieses Material hat den Vorteil, daß es der Lehrer exakt auf seinen Unterricht abstimmen kann. Es ist relativ preiswert in der Herstellung und bleibt immer „Eigentum der Klasse". Zudem befaßt man sich intensiver mit dem Stoff, da man das Material selbst entwirft und herstellt. Ein großer Nachteil bei diesem Material ist der hohe Zeitaufwand, den die Herstellung beansprucht.

2.4.3 Von den Schülern hergestelltes Material

Das pädagogisch wertvollste Material ist u. E. das von den Schülern hergestellte. Auch dieses Material hat den Vorteil, daß es sich genau auf den Unterricht beziehen kann. Die Schüler müssen sich intensiv mit dem Thema beschäftigen, um „gebrauchsfertiges Material" herzustellen. Sie müssen alle Aufgaben selbst lösen, um ihren Mitschülern das Material vorzulegen.
Der Nachteil dieser Herstellungsart ist der Zeitaufwand sowie die manchmal wenig ansehnliche Form, die aber bei einem Grundschüler oft nicht besser sein kann.

Grundsätzlich gilt für alle Materialien:

a) Sie sollten dem Entwicklungsstand der Kinder angemessen sein.
b) Sie sollten dem Unterrichtsprinzip vom Leichteren zum Schwereren entsprechen.
c) Inhalte und Anzahl sollten beim Einsatz begrenzt sein. Ein Überangebot erzeugt oft Unsicherheit.
d) Alle Materialien sollten gekennzeichnet sein. (Beispiel: Mathematik = grüner Punkt, Deutsch = roter Punkt, HSK = gelber Punkt)

Tip: Dieselbe Farbeinteilung in Schrank- oder Regalfächern erleichtert das Ordnunghalten.

e) Das Material sollte sich an einem ständig zugänglichen Ort befinden. In unseren Klassen liegt z. B. das Freiarbeitsmaterial für eine Woche auf einem Tisch geordnet, den wir Freiarbeitstisch getauft haben. Hier befindet sich das Material für die Pflichtaufgaben. Das übrige Material finden die Schüler in Regalen und Schränken.

f) Jedes Material sollte so stabil sein, daß es auch einen häufigeren Gebrauch gut übersteht. Bei gekauftem Material ist das kein Problem. Bei selbst hergestelltem Material benützt man am besten für jede Spielart Karton.

Tip: Fragen Sie im Supermarkt nach ausrangierten Angebotstafeln oder sonstigen Kartonarten.

Nach dem Bemalen und Beschriften eines Kartons ist es angebracht, das Material mit selbstklebender Folie zu überziehen. Die schmutzabweisende und verstärkende Wirkung dieser Folie erhöht die Lebensdauer des Materials.

Tip: Es gibt verschiedene Arten von Folien, sofort festklebende Folie und Folie mit verzögerter Klebewirkung. Hat man sich mit letzterer „verklebt", beschädigt man sein Material nicht, wenn man sie noch einmal abzieht. Da diese Folie relativ teuer ist, beschlossen wir, d. h. unser Arbeitskreis Freiarbeit, die Folie gemeinsam zu kaufen. Sehr angenehm zum Bearbeiten sind beschichtete Blankokarten, die man nur mit wasserfestem Folienstift zu beschriften braucht.

g) Wenn man sich die Mühe macht und Material selbst herstellt, sollte man – gerade im Grundschulbereich – daran denken, daß die Kinder lieber damit arbeiten, wenn das Material durch Form und Farbe ansprechend gestaltet ist.

Tip: Gelb ist besonders motivierend.

h) Letztendlich halten wir es für sehr wichtig, daß das Arbeitsmaterial, wenn möglich, eine Selbstkontrolle erlaubt. Dadurch können die Schüler ohne Lehrerhilfe Fehler erkennen und berichtigen. Die Gestaltung der Selbstkontrolle variiert je nach Material. Beim Vorstellen der einzelnen Materialien wird sie näher erläutert.

3. Arbeitsanleitung

Bei den unter 5. vorgestellten Materialien handelt es sich fast durchwegs um kopierfähige Vorlagen, aus denen man mit relativ einfachen Mitteln abwechslungsreiches Material herstellen kann.

Als Hilfsmittel braucht man dazu:

- Lineal
- Schere
- wasserfeste Folienstifte zum Beschriften
- Klebestift oder Sprühkleber
- Karton
- Locheisen
- Folie

Es empfiehlt sich, Arbeitsmaterialien in gängigen Formaten wie DIN A4, DIN A5 oder DIN A6 herzustellen. Kartons in diesen Größen sind leicht zu beschaffen bzw. die Materialien passen in genormte Karteikästen. Wenn Texte oder Bilder aus Zeitschriften, Büchern etc. Verwendung finden sollen, werden sie im Hinblick auf das jeweilige Ordnungssystem auf gleich große Kartons geklebt.
Für alle als Kopiervorlagen gestalteten Materialien bietet sich die nachstehende Verfahrensweise an. Lediglich die Ausmalbilder sind als Verbrauchsmaterial für die Hand der Schüler gedacht. (Das Aufkleben auf Karton bzw. Überziehen mit Folie erübrigt sich.)

1. Fotokopieren der Vorlagen
2. Ausmalen der Bilder
   (Dies sollte am besten durch die Schüler ausgeführt werden, auch wenn vielleicht die Exaktheit etwas darunter leidet.)
3. Aufkleben auf Karton oder auf Blanko-Karten
4. Ausschneiden der einzelnen Teile
5. Mit Klebefolie überziehen

Im Hinblick auf die notwendige Haltbarkeit der Materialien ist das Überziehen mit selbstklebender Folie unerläßlich. Da verschiedenste, oft auch unregelmäßige Formen überzogen werden sollen, ist das Aufkleben der Folie nicht ganz einfach.
Die folgenden Hinweise, die auf eigener Erfahrung beruhen, sind als kleine Hilfestellung für Ungeübte gedacht.

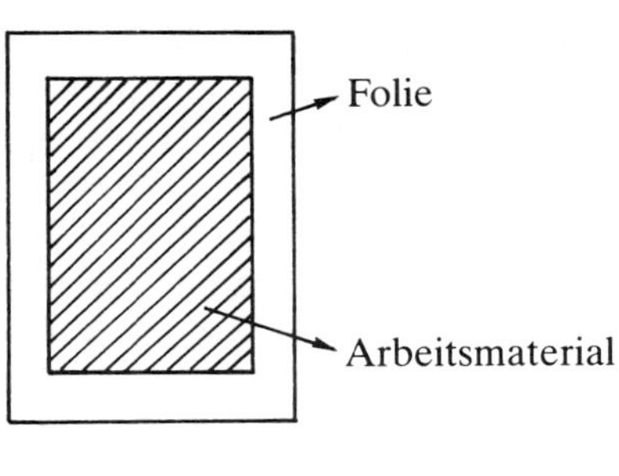

Die einfachste Form für das Überziehen mit Folie sind größere, viereckige Flächen. Man legt das Kartonstück auf die Folie, läßt an den Rändern etwa 1,5 cm überstehen und schneidet die Folie aus.

Zum Abziehen der Schutzfolie knickt man am besten an einer Ecke ein kleines Stück um, so daß man mit dem Fingernagel leicht den Anfang finden kann.

Nun legt man den Karton auf die klebende Seite der Folie. Der überstehende Rand soll verhindern, daß die Arbeitskarte sich vom Karton löst. Am schnellsten läßt sich dieser Rand umbiegen, wenn man vorher die vier Ecken abgeschnitten hat.

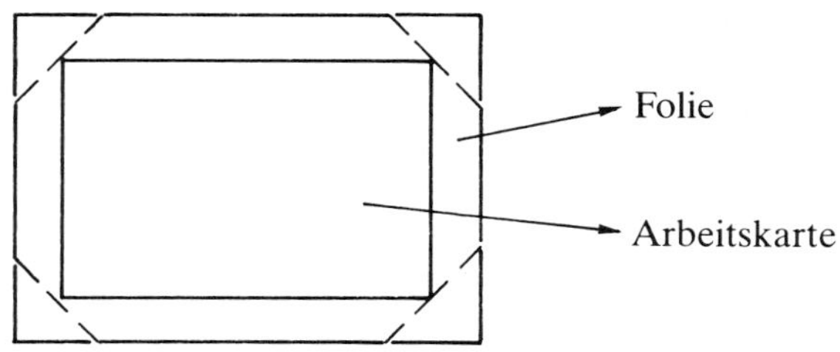

Wenn man die Folie deckungsgleich mit der Arbeitskarte ausschneidet, geht man das Risiko ein, daß Folie und Arbeitskarte sich womöglich vom Karton lösen.
Beim Überziehen von runden Materialien läßt man genau wie bei viereckigen Karten einen Rand überstehen.

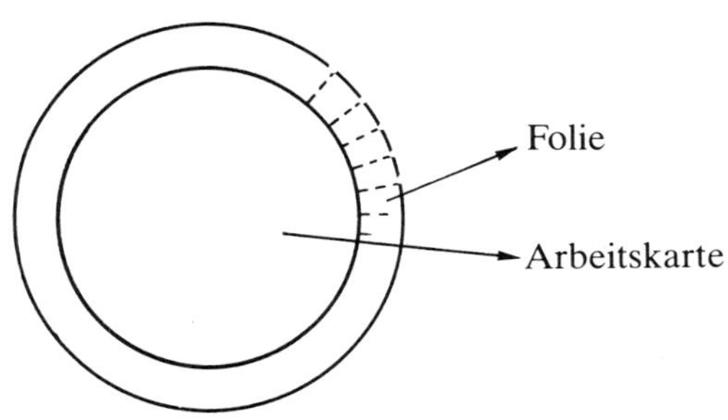

Komplizierter ist hier das Umbiegen der Folie, da der äußere Rand der Folie größer ist als der Innenkreis. Deshalb schneidet man die Folie ringsum bis zur Arbeitskarte mehrmals ein, so daß mehrere, kleinere Stücke umgebogen werden.
Am schwierigsten sind mehreckige, kleine Formteile, wie bei Puzzlespielen, zu behandeln.

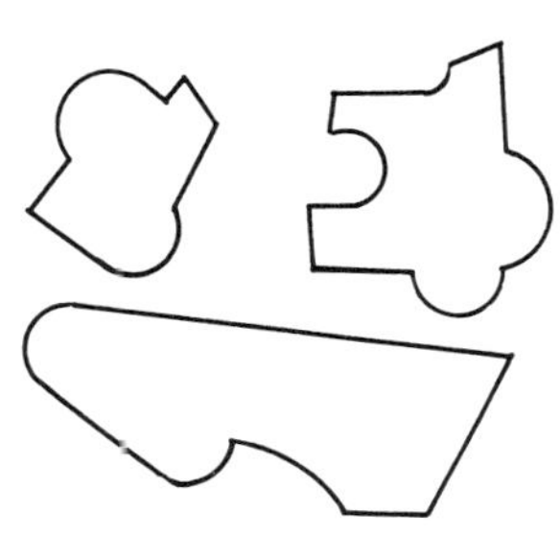

Hier klebt man die Folie am besten deckungsgleich auf.
Tip: Sprühkleber sorgt dafür, daß alle Stellen der Karte auf dem Karton sicher festgeklebt sind. Die Ecken biegen später nicht um.

4. Erläuterungen zu den vorgestellten Materialien

4.1 Peterspiel

Einfach spannend und immer wieder motivierend ist das Peterspiel. Es folgt der Spielidee des wohl allen bekannten „Schwarzen Peters".
Sollen Peterspiele hergestellt werden, benötigt man gleich große Karten aus Karton. Sehr gut eignen sich Blankokarten, die durch ihr gleichmäßiges Aussehen im Spiel keine vorzeitigen Lösungen und Spekulationen zulassen. Man braucht eine Anzahl von Karten, die durch 2 teilbar ist, dazu noch die Peterkarte.
Die gezeichneten oder kopierten Vorlagen klebt man auf Karton oder auf die Blankokarten, so daß immer zwei zusammengehören. Zur Erleichterung kann auf den zusammengehörigen Karten noch ein gleiches Symbol erscheinen, so daß die Schüler beim Sammeln ganz sicher gehen.
Das Beispiel (5.1.2) behandelt das Thema „Als neuer Schüler in der Klasse".

Jeweils eine Text- und eine Bildkarte gehören zusammen. Für das Peterspiel zum Thema „Arbeit und Freizeit in der Familie früher und heute" (5.1.7) sind jeweils zwei Bildkarten zusammenzuordnen. Dieses Spiel kann leicht erweitert werden, indem der Lehrer oder auch die Schüler zu jeder Bildkarte eine entsprechende Textkarte erstellen. In diesem Fall müssen wiederum jeweils eine Bild- und eine Textkarte zusammenkommen.

Arbeitsweise:

Die Karten werden an die Mitspieler verteilt, bis keine mehr übrig ist. Wer zwei Karten hat, die zusammengehören, legt diese sofort ab. Nun ziehen die Schüler der Reihe nach vom Nachbarn eine Karte. Dies wird im Kreis so lange wiederholt, bis alle Kartenpaare abgelegt sind. Wer zum Schluß die Karte mit dem Symbol für den „Schwarzen Peter" in der Hand hält, hat (diesmal) nicht gewonnen.
Dieses Spiel eignet sich nur als Gruppenspiel. Sein Lerneffekt liegt darin, daß die Schüler Disziplin beim Spielen sowie Konzentration beim Sammeln lernen müssen. Ein weiterer Vorzug dieses Spieles ist es, daß man es im Unterricht durch Herausnehmen der Peterkarte als Memory verwenden kann. Der Arbeitsaufwand ist derselbe und man hat zwei verschiedene Spiele. Außerdem läßt sich sowohl beim Peterspiel als auch beim Memory die Anzahl der Karten beliebig erweitern oder verringern. So kann man einfache aber auch umfangreiche Themen bearbeiten.

4.2 Domino

Ausgehend von der Idee des Dominospiels, bei dem immer Spielsteine mit gleicher Augenzahl aneinandergelegt werden, kann man Spielmaterial für den Unterricht herstellen. Es gilt, zu einem Bild einen Begriff oder einen Text bzw. zu einem Text den passenden Folgetext zu finden.
Der Vorteil aller Dominos liegt darin, daß der Lehrer bei der Herstellung wie beim Einsatz großen Spielraum hat. Er kann sein Domino an jeder beliebigen Stelle unterbrechen, beenden oder erweitern.
Dominospiele sind geeignet für Einzel-, Partner- und Gruppenarbeit. Grundsätzlich kann man sie in der Freiarbeit wie in jeder Phase des geschlossenen Unterrichts einsetzen.
Wie schon erwähnt, soll in der Freiarbeit für die Schüler eine Möglichkeit zur Selbstkontrolle angeboten werden. Für das Dominospiel heißt das, daß die Karten auf der Rückseite durchgehend numeriert werden. Man kann die Rückseite auch mit je einem Buchstaben oder einem Wort versehen, die, in der richtigen Reihenfolge gelegt, dann ein Lösungswort oder einen Lösungssatz ergeben. Die Kinder können sich so jederzeit selbst überprüfen.

Arbeitsweise:

Dominos sind für Schüler nicht schwer zu spielen. Sie suchen aus der Vielzahl der Karten den „Start" (Symbol A = Anfang) heraus. Auf derselben Karte finden sie entweder ein Bild, zu dem sie den passenden Text suchen oder einen Text, zu dem sie ein Bild oder den dazugehörigen Text finden müssen (5.6.5). Haben die Schüler die passende Karte gefunden, wird sie angelegt und die nächste gesucht. So wird das Spiel fortgesetzt, bis die letzte Karte (Symbol E = Ende) angelegt ist.
Das Domino 5.1.3 beschäftigt sich mit dem Leben in einem fremden Land. Es lenkt den Blick der Kinder auf die Schwierigkeiten, die einem begegnen, wenn man sich in einem Land aufhält, dessen Sprache und Sitten man nicht kennt. Obwohl in diesem Spiel nicht von anderssprachigen Mitschülern die Rede ist, sollen die Kinder über das Sichhineinversetzen in eine ähnliche Situation zum Abbau von Vorurteilen und mehr Verständnis füreinander geführt werden.

4.3 Puzzle

Puzzlespiele erfordern viel Geduld, Geschicklichkeit und Konzentrationsvermögen. Da diese drei Fähigkeiten im Unterricht dringend benötigt werden, eignen sich Puzzles

als Lernspiele ausgezeichnet. Dem Alter entsprechend sollten die Puzzleteile anfangs groß und von geringer Zahl sein. Mit zunehmendem Alter der Kinder können die Teile kleiner und zahlreicher werden. Die meisten Kinder kennen Puzzles sowie ihre Spielregeln schon aus der Vorschulzeit. Die Grundidee der Puzzles wurde für das Freiarbeitsmaterial übernommen. Unterrichtliche Themen werden aufgezeichnet oder aufgeschrieben, zerschnitten und von den Kindern wieder zusammengesetzt. Die Puzzleteile bewahrt man am besten in kleinen Schachteln oder Klarsichthüllen auf, wobei man ein Titelbild (Lösungsbild) auf den Deckel bzw. auf die Hülle klebt. Wird in der Klasse mit verschiedenen Puzzles gearbeitet, empfiehlt es sich, die einzelnen Teile auf der Rückseite zur besseren Trennung zu kennzeichnen.
In der vorliegenden Materialsammlung werden drei verschiedene Puzzleformen angeboten.

4.3.1 Einfaches Puzzle

Für das Thema „Getreidearten" wurde ein „normales" Puzzle gewählt. Die Ähren/Körner der wichtigsten heimischen Getreidearten kann man auf ein Stück Karton zeichnen oder als kopierte Vorlage (5.7.4) aufkleben. Die Maße sind hier beliebig.

Tip: Sollten Sie im Zeichnen kein Meister sein, fotokopieren Sie eine beliebige Vorlage, vergrößern sie und kleben sie auf Karton!

Danach werden willkürlich Striche durch das Blatt gezogen und die einzelnen Teile ausgeschnitten. Wegen der spitzen Formen dieser Teile ist das Überziehen mit Folie recht schwierig. Es empfiehlt sich deshalb, das Puzzle als Ganzes mit Folie zu überziehen oder die Bilder mit Sprühkleber zu befestigen. Dann kann man die Folie aufziehen, ohne sie an den Rändern umzuklappen.
Weiterhin ist es günstig, für alle fünf Getreidesorten Karton in derselben Farbe zu verwenden. So kann man später die Aufgabe erschweren, indem die Schüler nicht nur ein Bild, sondern mehrere Bilder zusammensetzen müssen.

Arbeitsweise:
Die Schüler nehmen die Puzzleteile, schütten sie auf den Boden oder die Bank und setzen sie zusammen. Eine natürliche Kontrolle ergibt sich, wenn die Teile zusammenpassen bzw. durch die laufende Numerierung der Teile auf der Rückseite (5.4.2).
Einige Lehrmittelverlage bieten Blankopuzzles an. Zudem macht es den Schülern viel Spaß, die Formteile ihrer Puzzles selbst zu bemalen und zu beschriften.

4.3.2 Puzzle mit Arbeitskarte

Zum Thema „Polizei" (5.5.5) wurde ein Bilderpuzzle mit Arbeitskarte gewählt. Die Bildkarte wird fotokopiert, angemalt, aufgeklebt, mit Folie überzogen und in Teile zerschnitten. Soll das Bild wieder zusammengesetzt werden, müssen die Schüler die Aufgaben auf der Arbeitskarte richtig lösen und das Puzzleteil mit der entsprechenden Nummer auflegen.

Arbeitsweise:

Die Schüler nehmen die Puzzleteile und schütten sie auf den Boden oder auf eine Bank. Das Zusammensetzen erfolgt nach den Lösungen der Aufgaben der Arbeitskarte. Der Lösung ist eine Zahl zugeordnet, die die Nummer des betreffenden Puzzleteiles repräsentiert.
Eine natürliche Kontrolle ergibt sich, wenn die zusammengesetzten Teile ihrerseits ein komplettes Bild ergeben.

4.3.3 Postkartenpuzzle

Eine Variante des normalen Puzzle ist das Bildpostkarten-Puzzle. Es eignet sich vorzüglich für den HSK-Unterricht, da die Anzahl der Formteile gering bleibt.
Zur Herstellung von Puzzles dieser Art benötigt man Bildpostkarten oder Bilder (Kalenderblätter, etc.) mit ansprechenden Motiven. Die Rückseite der Bildpostkarte wird mit weißem oder einfarbigem Papier überklebt, so daß der Aufdruck nicht mehr zu sehen ist. Bildblätter sollten der besseren Stabilität wegen, auf Karton aufgezogen werden. Passend zur Bildpostkarte braucht man in *gleicher* Größe eine Aufgabenkarte aus Karton. Nun werden die Rückseite der Postkarte sowie die Aufgabenkarte der Anzahl der Aufgaben entsprechend in identische Abschnitte eingeteilt.
Wie das Beispiel „Orientierung mit Hilfe der Himmelsrichtungen" (5.4.1) zeigt, wird in jedem Abschnitt der Aufgabenkarte eine Aufgabe geschrieben (hier: kopierte Vorlage). Auf der Rückseite der Postkarte finden die Schüler die entsprechenden Lösungen bzw. die Nummern der Lösungen.

Tip: Denken Sie beim Herstellen daran, daß im Spiegelbildverfahren gearbeitet werden muß!

Sind alle Kästchen beschriftet, bemalt oder beklebt, schneidet man die Postkarte auseinander und überzieht alle Teile mit Folie.

4.4 Würfelspiel

Würfelspiele sind bei fast allen Kindern beliebt. Sie erfordern Geduld, Konzentration, Ausdauer und die Fähigkeit, auch einmal verlieren zu können. All dies wird auch im Unterricht dringend benötigt. Da diese Spiele zudem die sozialen Kontakte in der Klasse verstärken können, eignen sie sich auch vorzüglich für Lernspiele. Spielplan und Regeln sollten dabei dem jeweiligen Alter entsprechend konzipiert sein. Da die meisten Kinder Würfelspiele bereits aus ihrer Vorschulzeit kennen, erübrigt sich meistens eine ausführliche Erklärung der Spielregeln. Deshalb haben sie auch einen festen Platz in der freien Arbeit. Vor allem für Themen aus der Heimat- und Sachkunde bieten sie sich zur Erarbeitung und Vertiefung an. Das erste Würfelspiel dieser Sammlung behandelt das Thema „Richtiges Verhalten in Notfällen" (5.5.6). Der dazugehörige Spielplan ist auch für alle weiteren Würfelspiele vorgesehen. Durch die Ereigniskarten wird das jeweilige Sachthema eingeführt bzw. vertieft.

Da der Spielplan häufiger verwendet wird, sollte man ihn auf kräftigen Karton aufkleben. Am besten läßt man ihn von den Kindern farblich gestalten und überzieht ihn dann mit Folie. Wenn der als Kopiervorlage angebotene Plan zu klein ist, kann er problemlos auf DIN A3 vergrößert werden. Genauso werden die Ereigniskarten auf Karton aufgeklebt und mit Folie überzogen.

Tip: Günstig ist es, die Ereigniskarten für die einzelnen Spiele auf Karten unterschiedlicher Farben aufzuziehen. Das erleichtert das Auseinanderhalten der einzelnen Spiele.

Arbeitsweise:

Benötigt werden: Spielplan, Würfel, für jeden Mitspieler ein Spielstein, Ereigniskarten.
Es können bis zu vier Kinder mitspielen. Das jüngste beginnt zu würfeln und setzt einen Stein auf das Feld mit der gewürfelten Augenzahl. Trifft es dabei auf ein schraffiertes Feld, muß es die Ereigniskarte mit der entsprechenden Nummer vorlesen und die Spielanweisung ausführen. Es wird reihum gewürfelt und um die jeweilige Augenzahl vorgesetzt. Das Spiel endet, wenn ein Spieler das Feld 70 erreicht hat.

4.5 Memory

Memoryspiele sind den Kindern schon von der Vorschulzeit her bekannt. Sie eignen sich vorzüglich dazu, das Konzentrationsvermögen zu steigern, weil die Kinder sich über längere Zeit mit einer Sache beschäftigen müssen. Zum erfolgreichen Spielen gehört zudem ein gutes Gedächtnis. Ziel beim Memoryspiel ist es, so viele Kartenpaare wie möglich zu sammeln. Durch die Vielfalt der Gestaltungsmöglichkeiten eignet es sich gut für den Einsatz im HSK-Unterricht. Deshalb werden in dieser Sammlung mehrere Themen durch Memoryspiele abgedeckt.
Zur Herstellung eines Memoryspiels nimmt man ein Blatt Papier, unterteilt es in so viele quadratische Felder, wie man benötigt und klebt dieses Blatt (wie die kopierfähigen Vorlagen dieser Sammlung) auf ein Stück Karton.

Tip: Wenn man ein Musterblatt herstellt und dieses leer einige Male fotokopiert, so braucht man nicht jedesmal die Kästchen neu zu zeichnen.
Ziel des Spiels ist es, durch Bild und zugehörige Textkarte Kartenpaare herzustellen (5.1.4) oder drei zusammengehörende Karten zu finden (5.15).

Arbeitsweise:

Die Kinder mischen und verteilen die Memorykarten auf dem Boden mit der Rückseite nach oben.
Der erste Schüler hebt zwei Karten auf, deckt sie für alle Schüler sichtbar auf. Haben die Karten ein zusammengehöriges Motiv, gehören sie dem aufdeckenden Spieler, der es dann gleich noch einmal versuchen darf. Sind die Karten verschieden, werden sie wieder umgedreht und der nächste Spieler ist an der Reihe.
Wer am Schluß die meisten zusammengehörenden Karten besitzt, ist Sieger.
Dieses Spiel eignet sich besonders zur Partner- und Gruppenarbeit. Im offenen Unterricht ist es jederzeit einsetzbar, im geschlossenen Unterricht eignet es sich in erster Linie für die Motivations- und Übungsphase.
Bei einigen Memoryspielen bietet es sich vom Stoff her an, die Karten zweier Spiele miteinander zu kombinieren (z. B. 5.8.1 und 5.8.2).

4.6 Stöpselkarten

Stöpselkarten, im Fachhandel schon lange bekannt, sind bei vielen Schülern ein sehr beliebtes Arbeitsmaterial. Wie alle Arbeitsmittel in der freien Arbeit, folgt es der Forderung, „mit Kopf, Herz und Hand“ zu lernen. Einige Verlage bieten fertige Stöpselkarten zum Verkauf an. Aber nicht jede Schule finanziert diese Anschaffung. Das Selbstherstellen erfordert nicht viel Zeit, ist billig und aktuelle Themen können mit einbezogen werden. Beim Anfertigen der Stöpselkarte ist man in keiner Weise an irgendein Format oder eine äußere Form gebunden.
Zur Arbeit mit Stöpselkarten benötigt man die Karten, Holzständer sowie passende Stöpsel (im Spielwarenhandel erhältlich).

Der Arbeitsaufwand bleibt relativ gering, wenn man folgende Tips beachtet:

- Am besten läßt man unten an der Stöpselkarte einen etwa 2 cm breiten Rand frei, der dann in der Setzleiste verschwindet.
- Verwendet man keine Kopiervorlage, so zeichnet man sich am besten eine Schablone und fotokopiert diese, bevor man die Texte einträgt.
- Eine einheitliche Größe der Karten erleichtert das Ordnunghalten im Schrank!
- Zum Einstanzen der Löcher leistet ein Locheisen gute Dienste.

Arbeitsweise:

Das Einführen der Arbeit mit Stöpselkarten bedeutet keinerlei Schwierigkeiten. Im Beispiel 5.4.3 geht es um die Orientierung mit Hilfe der Sonne. Das Kind liest die Fragen, überlegt die Antworten und stöpselt im entsprechenden Loch. Hat es alle Aufgaben gelöst, dreht es den Ständer mit der Karte um. Durch die Farbmarkierung des richtigen Loches sieht es sofort, ob seine Antworten richtig oder falsch sind.

Tip: Bunte Verstärkungsringe sind zum Markieren der richtigen Lösung nicht geeignet, da sie sich sehr schnell von der Karte lösen. Billiger und dauerhafter ist es, die Lösung mit einem wasserfesten Folienstift zu umkreisen.

Stöpselkarten sind besonders gut für Einzelarbeit geeignet, da sich die Schüler selbst kontrollieren können. Aber auch zur Partnerarbeit bietet sich dieses Material an. Die Kinder lösen abwechselnd die Aufgaben und kontrollieren sich gegenseitig. Die unmittelbare Rückmeldung der erbrachten Leistung fördert die Motivation der Schüler.

Arbeiten die Schüler längere Zeit mit Stöpselkarten, so wird es sie bald reizen, selbst solche Karten herzustellen.

4.7 Lernschieber

Der Lernschieber ist ein Arbeitsmittel, welches schnell herzustellen und besonders gut in Einzelarbeit einzusetzen ist. Er besteht aus einer Arbeitskarte und einem beweglichen Teil, dem Schieber. Es ist sinnvoll, sich auf ein einheitliches Maß (Breite: ca. 10 cm, Höhe: variabel, je nach Anzahl der Aufgaben) festzulegen, so daß für alle Karten in jedem Fach nur ein Schieber benötigt wird.
Bei eigener Herstellung benützt man am besten Schablonen, trägt den Lernstoff ein und überzieht die Karte mit Folie. Sind Bilder auf der Arbeitskarte, empfiehlt es sich, diese auszumalen.
Zur Herstellung des Schiebers nimmt man ein Stück biegsamen Karton, ca. 6 cm × 22,5 cm, und knickt an einer Schmalseite einen ca. 1,5 cm breiten Streifen als Klebefalz um. Die restliche Fläche überzieht man auf beiden Seiten mit Klebefolie – so gleitet der Schieber leichter über die Arbeitskarte –. Nun faltet man den Streifen genau in der Mitte und klebt den Klebefalz an der anderen Schmalseite fest. Der Schieber läßt sich nun problemlos über die Arbeitskarte schieben.
Das Beispiel (5.5.3) behandelt das Thema „Die Ausrüstung der Feuerwehr".

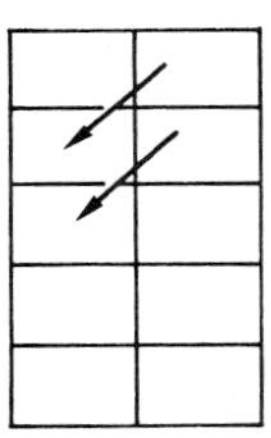

Das Kind plaziert den Schieber so, daß nur die oberste Bildreihe zu sehen ist. Die unteren Bilder und Texte sind durch den Schieber verdeckt. Das Kind überlegt, welches Gerät gezeigt wird, nennt für sich oder dem Partner die Lösung und schiebt zur Kontrolle den Schieber ein Feld nach unten. Dort steht links die Lösung, während rechts das nächste Bild erscheint. So verfährt der Schüler bis zum letzten Bild.
Hat man keine passenden Kopiervorlagen zur Verfügung, so kann man sich für die Arbeitskarten Schablonen zeichnen und vervielfältigen, die sich für alle Fächer mit entsprechenden Aufgaben versehen lassen.

Beispiel:

	3·3
9	8·3
24	6·3
18	9·3
27	

„1×1 mit 3" – Mathematik

	Bu_er
tt	Va_er
t	be_en
t	Ri_er
tt	

„t oder tt?" – Deutsch

4.8 Kreuzworträtsel

Aus Zeitschriften, besonders Rätselzeitschriften, sind die Kreuzworträtsel bekannt. Es werden Begriffe gesucht, die dann in die jeweiligen Leerfelder eingetragen werden.
Die Kontrolle erfolgt durch das Lösungswort, welches die Schüler in einem dick eingerahmten Feld finden.
Diese Rätsel werden aufgeklebt und als Langzeitarbeit in den Schrank gelegt. Die Schüler nehmen sich ab und zu von selber die Rätsel heraus oder sie erscheinen von Zeit zu Zeit als Wiederholung auf dem Wochenplan.

Tip: Die Kreuzworträtsel auch mit Folie überziehen und von den Schülern mit wasserlöslichen Stiften ausfüllen lassen.

4.9 Kassettenrecorder mit Arbeitsblatt

Einen Kassettenrecorder können Kinder dieser Altersstufe ganz selbstverständlich bedienen. Man kann ihn deshalb auch problemlos im Unterricht verwenden:

Einsatz für *mehrere* Schüler:

Hier wird ein Verstärker für den Anschluß von drei oder vier Kopfhörern gebraucht. Nachdem die Kopfhörer angeschlossen sind, hören die Schüler gleichzeitig die vom Lehrer vorbereitete Kassette. Der Lehrer bespricht dazu eine Leerkassette mit Aufgaben aus dem HSK-Unterricht, z. B. zum Thema „Die Amsel" (5.7.10).
Die Schüler beantworten die Fragen im Flüsterton. Als Hilfe dient ihnen dazu ein Arbeitsblatt mit Bildern, das sie vor sich liegen haben. Ob sie richtig geantwortet haben, hören sie nach einer entsprechend langen Pause, wenn auf der Kassette die Lösung genannt wird.

Einsatz für nur *einen* Schüler:

Auch hier bespricht der Lehrer die Leerkassette mit Aufgaben. Der arbeitende Schüler hört sich jeweils eine Aufgabe an, drückt die Pausetaste und schreibt die Antwort auf. Als Hilfe dient ihm wiederum das Arbeitsblatt mit den Bildern. Nach Bewältigung der Aufgabe erfolgt die Kontrolle durch Vergleich mit der auf Kassette gesprochenen Lösung des Lehrers.

4.10 Sachkartei

Ein weiteres wichtiges Material in der Freiarbeit sind die Wende- oder Sachkarten, die für jedes Fach geeignet sind. Die Karten werden vom Lehrer hergestellt. Sie bieten auch eine gute Möglichkeit, Material von den Kindern anfertigen zu lassen. Je nach Thema werden Karteikarten in unterschiedlicher Größe benötigt. Karteikarten und passende Karteikästen, die man im Fachhandel in Normmaßen kaufen kann, bieten sich besonders an.

Tip: Für jedes Thema/jeden Themenbereich eine andere Farbe wählen.

Auf die eine Seite der Karte wird die Aufgabe bzw. Frage geschrieben, auf die Rückseite die Antwort.
Fertig übernommene Kopien können entweder auf Karteikarten geklebt werden oder werden gleich auf Karton kopiert und in der Mitte gefaltet und zusammengeklebt, wie es am Beispiel 5.8.5 dieser Sammlung „Wie ist die Ente an das Leben im Wasser angepaßt?" gezeigt wird:

Wie nennt man das Entenmännchen?	— Vorderseite
- - - - - - - - - - - - - - - →	falten und zusammenkleben
Man nennt es Erpel.	— Rückseite

Das Beispiel 5.5.11 behandelt das Thema „Die Wasserversorgung“:

Bild – Fragen	Lösungen (mit oder ohne Bild)
Vorderseite	Rückseite

Dieses Material ist für Einzelarbeit, besonders gut aber auch für Partnerarbeit geeignet. Ein Schüler hält die Karten zwischen sich und seinem Partner so, daß er die jeweils anstehende Aufgabe vorlesen kann. Er versucht, die richtige Antwort zu geben, die der Partner mit Hilfe der Lösung auf der Rückseite kontrollieren kann. Abwechslungsreicher wird das Spiel, wenn man Jokerkarten mit einsetzt. Beim Auftauchen einer Jokerkarte tauschen die Schüler die Rollen: Nun liest Partner B die Aufgabe vor und löst sie, während A die Kontrolle übernimmt.

Tip: Man kann die Joker eines Romméspiels oder eine andere lustige und motivierende Figur fotokopieren und auf Karteikarten kleben.
Sind Karteikarten zu einem Thema fertiggestellt, empfiehlt es sich, die Karten mit der Frage nach oben geordnet aufeinanderzulegen und die rechte obere Ecke abzuschneiden. Nun sieht man sofort, ob alle Karten richtig liegen, d. h. alle Fragen nach oben, alle Antworten nach unten.
Da es den Schülern viel mehr Spaß macht, mit selbstgefertigtem Material zu arbeiten, erreichen sie bei der Erstellung eigener Sachkarten oft große Leistungen. Meist suchen sie überaus kreativ und mit hohem Anspruchsniveau Fragen zu einem bestimmten Sachgebiet. Hier sieht man schnell, welche Schüler mit „normalen“ Fragen unterfordert gewesen wären. Dieses Material ermöglicht den Schülern einerseits ein weitgehend eigengesteuertes Lernverhalten, schafft aber andererseits der Lehrkraft den nötigen Freiraum für individuelle Fördermaßnahmen.
Ein weiterer Vorteil der Sachkarteien liegt darin, daß man sie jederzeit erweitern oder beenden kann. Dem Prinzip dieser Fragekarteien folgen auch die Bildwendekarten.

4.11 Arbeitsblatt in Klarsichthülle

Die Freiarbeit ermöglicht es, Arbeitsmaterial aus verschiedenen Angeboten zu einem bestimmten Thema auszuwählen.
Aus ökologischen Gründen kann vielleicht darauf verzichtet werden, jedes Arbeitsblatt als Klassensatz zu kopieren. Als Alternative kopiert der Lehrer ein Arbeitsblatt nur einmal bzw. ein paarmal und steckt jedes Blatt in eine Klarsichthülle. Ein vom Lehrer ausgefülltes Lösungsblatt wird auf der anderen Seite der Folie eingesteckt (= Rückseite).
Die Schüler können nun mit wasserlöslichem Folienstift das Arbeitsblatt bearbeiten, nach Fertigstellung die Folie abwischen und so jedes Blatt immer wieder verwenden.

Tip: Schließen Sie die offene Seite der Folienhülle (Verschweißen, Klebeband, Klammern). Somit wird verhindert, daß beim Abwischen der Schülerlösungen Wasser in die Folie läuft.

4.12 Diskussionskarten

Gut für den Heimat- und Sachkundeunterricht geeignet sind Diskussionskarten. Dieses Material bietet eine hervorragende Möglichkeit, die Kinder zu situationsbezogenem Sprechen anzuregen, eigene Meinungen vertreten bzw. andere Ansichten tolerieren zu lernen. Gleichzeitig sind sie gezwungen, Gesprächsregeln einzuhalten. In Einzelarbeit eingesetzt, wird ein Kind für Probleme sensibilisiert, indem es sich Gedanken macht, Argumente sowohl für als auch gegen eine Aussage sucht. Provokative Fragen und Aussagen geben erfahrungsgemäß Anlaß zu fruchtbarer Diskussion und Auseinandersetzung. Wichtig ist, die Kinder zur Arbeit mit Diskussionskarten hinzuführen bzw. gemeinsam mit ihnen eine klare Arbeitsanweisung zu formulieren.
Auf Karteikarten (im Fachhandel erhältlich) oder selbst gefertigten Kartonkarten (evtl. verschiedene Farben für unterschiedliche Themen) werden Feststellungen oder Aussagen geschrieben. Sie können auch durch Bildmaterial ergänzt werden.
Da Diskussionskarten sehr leicht von den Schülern selbst herzustellen sind, erweitern die Kinder gerne das vorgegebene Angbot des Lehrers mit selbst entworfenen Karten.
Diskussionskarten eignen sich sowohl für Einzel- als auch für Partner- und Gruppenarbeit.
Zum Schutz der Karten bietet es sich an, diese mit Folie zu überziehen und in Schachteln, Karteikästen, etc. aufzubewahren.

Arbeitsweise:

In Einzelarbeit nimmt sich der Schüler eine oder mehrere Karten zum jeweiligen Thema, schreibt sich Argumente für und gegen die betreffende Aussage auf und kommt so zu einer befürwortenden oder ablehnenden Meinung.
In Partner- oder Gruppenarbeit werden ebenso wie bei der Einzelarbeit die Aussagen durchdacht (evtl. sammelt zuerst jeder Schüler für sich Argumente und hält diese schriftlich fest), besprochen, diskutiert, die Meinungen verglichen.
Ergebnisse können dem Lehrer mitgeteilt werden (als Kontrolle) bzw. der Klasse vorgestellt werden.

4.13 Ausmalbild

Such-, Ausmal- bzw. Mosaikbilder kennen die Schüler vor allem aus dem Mathematikunterricht. Im Beispiel

„Wasserversorgung früher und heute“ (5.5.7) malen die Schüler die Felder aus, auf die sie eine Antwort gefunden haben. Sind alle Fragen richtig beantwortet und alle Felder ausgemalt, erscheint als Lösung ein Bild.

4.14 Fehlersuchbild

Fehlersuchbilder sind den meisten Schülern aus Zeitschriften und Rätselblättern bekannt. Gerade auch schwächere Schüler werden durch die Bilder und die einfache Aufgabenstellung stark motiviert.
Im Beispiel 5.3.2 „Römischer Markttag“, einem Fehlersuchbild zur Römerzeit, sollen die Kinder aus einem Gesamtbild Gegenstände herausfinden, die nicht zur dargestellten Zeit passen. Der jeweils zum Bild gehörige Buchstabe wird auf dem Block notiert. Die so gefundenen Buchstaben müssen in eine sinnvolle Reihenfolge gebracht werden, sie ergeben in unserem Beispiel das Lösungswort „Römerzeit“.

5. Kopiervorlagen für den Heimat- und Sachkundeunterricht

5.1 Kind und Gemeinschaft

5.1.1 Domino: Der erste Schultag

A

Anfang

Wir stellen uns vor.

Kinder erzählen von den Ferien.

Wir diskutieren über die Sitzordnung.

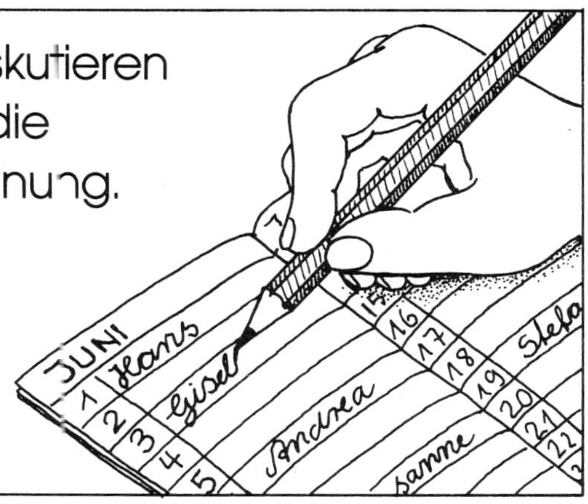

Wir stellen einen Geburtstags-kalender zusammen.

Wir gestalten die Wände im Klassen-zimmer.

Der Lehrer singt mit der Klasse.

Wir besprechen unseren neuen Stundenplan.

E

Ende

5.1.2 Peterspiel: In der neuen Klasse

Ich komme neu in
die Klasse.
Ich fühle mich
unsicher und
ängstlich.

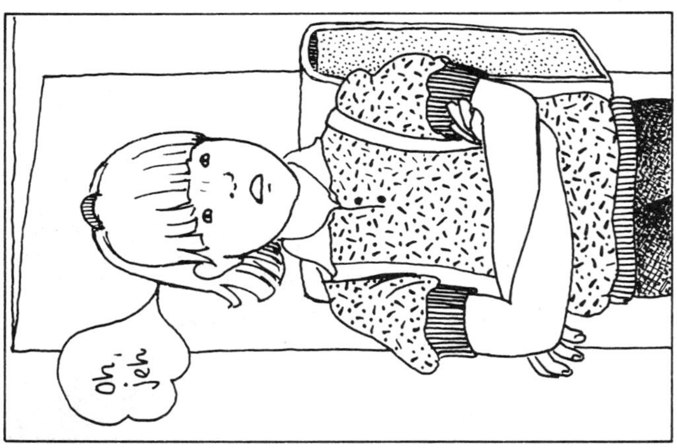

Ich stehe schwei-
gend allein vor
der Klasse.
Alle schauen mich
neugierig an.

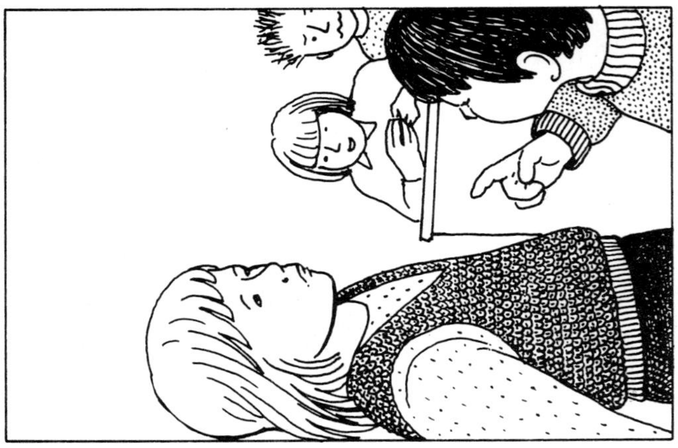

Die Mitschüler
tuscheln interes-
siert miteinander.

Die Lehrerin stellt
mich vor.

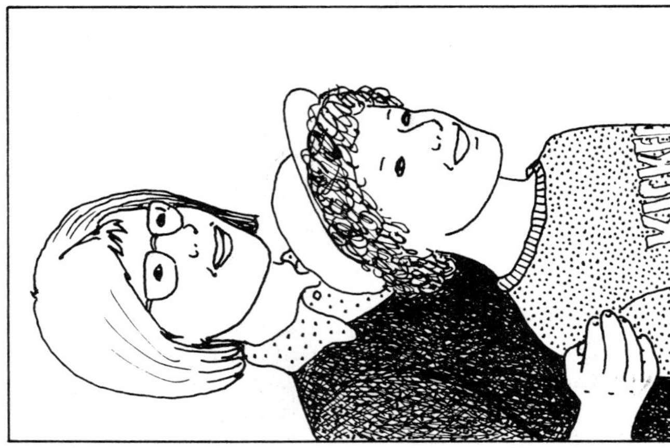

Ich darf mir einen Sitzplatz aussuchen.

Die Mitschüler stellen sich im Sitzkreis vor.

In der Pause spiele ich mit den neuen Mitschülern.

5.1.3 Domino: Wie ergeht es mir in einem fremden Land?

A

Anfang

Ich versteht nur sehr wenig, weil ich die Sprache noch nicht beherrsche.

Ich freue mich, daß mich die anderen Kinder mitspielen lassen.

Ich bin froh, wenn mir ein anderes Kind etwas erklärt.

Es dauert eine Weile, bis ich günstige Einkaufsmöglichkeiten finde.

Ich bin unsicher, weil ich das fremde Geld nicht kenne.

Es ist schön, wenn meine Klassenkameraden mich besuchen kommen.

Ich brauche Zeit, bis ich mit dem neuen Schulhaus vertraut bin.

Ich weiß nicht, wo ich das benötigte Schulmaterial besorgen kann.

Ich kenne die Freizeiteinrichtungen des neuen Wohnortes nicht.

Ich bitte andere Kinder, mir die Regeln ihrer Spiele zu erklären.

Ich bin glücklich, daß wir auch ohne gemeinsame Sprache zusammen spielen können.

Manchmal bin ich einsam. Um so mehr freue ich mich, bei gemeinsamen Veranstaltungen mitzumachen.

Ich bin neugierig auf die Umgebung meiner neuen Wohngegend.

E

Ende

5.1.4 Memory: Gesprächsregeln

5.1.4

Wir melden uns, bevor wir spre- chen.	Wir lachen nie- manden aus.	Wir sprechen laut und deutlich.
Bei der Freiarbeit flüstern wir.	Wir überlegen, be- vor wir sprechen.	Wir lassen jeden ausreden.
Wir schauen den Sprecher an.	Wir wenden uns beim Sprechen den Mitschülern zu.	Wir rufen nicht ein- fach dazwischen.

5.1.5 Memory: In der Klasse gibt es verschiedene Aufgaben

5.1.5

Schüler bringen das Altpapier weg.	Schüler öffnen und schließen die Fenster.	Schüler putzen die Tafel.
Schüler passen auf, daß Abfälle in getrennte Behälter geworfen werden.	Schüler versorgen die Klassenbücherei.	Schüler übernehmen das Einsammeln und Austeilen der Hefte.
Schüler gießen die Blumen.	Schüler leeren die Biotonne in den Kompost.	Schüler sorgen für das Holen und Aufräumen der Landkarten.
Schüler sorgen an der Garderobe für Ordnung.	Schüler stellen Stühle hoch und heben Abfälle auf.	Schüler säubern den Pausenhof mit dem Zwicker.

5.1.5

Papierdienst	Fensterdienst	Tafeldienst
Abfalldienst	Bücherdienst	Heftedienst
Blumendienst	Kompostdienst	Kartendienst
Garderobendienst	Ordnungsdienst „Bodenpolizei"	Zwickerdienst

5.1.6 Kreuzworträtsel: Mitglieder einer Familie

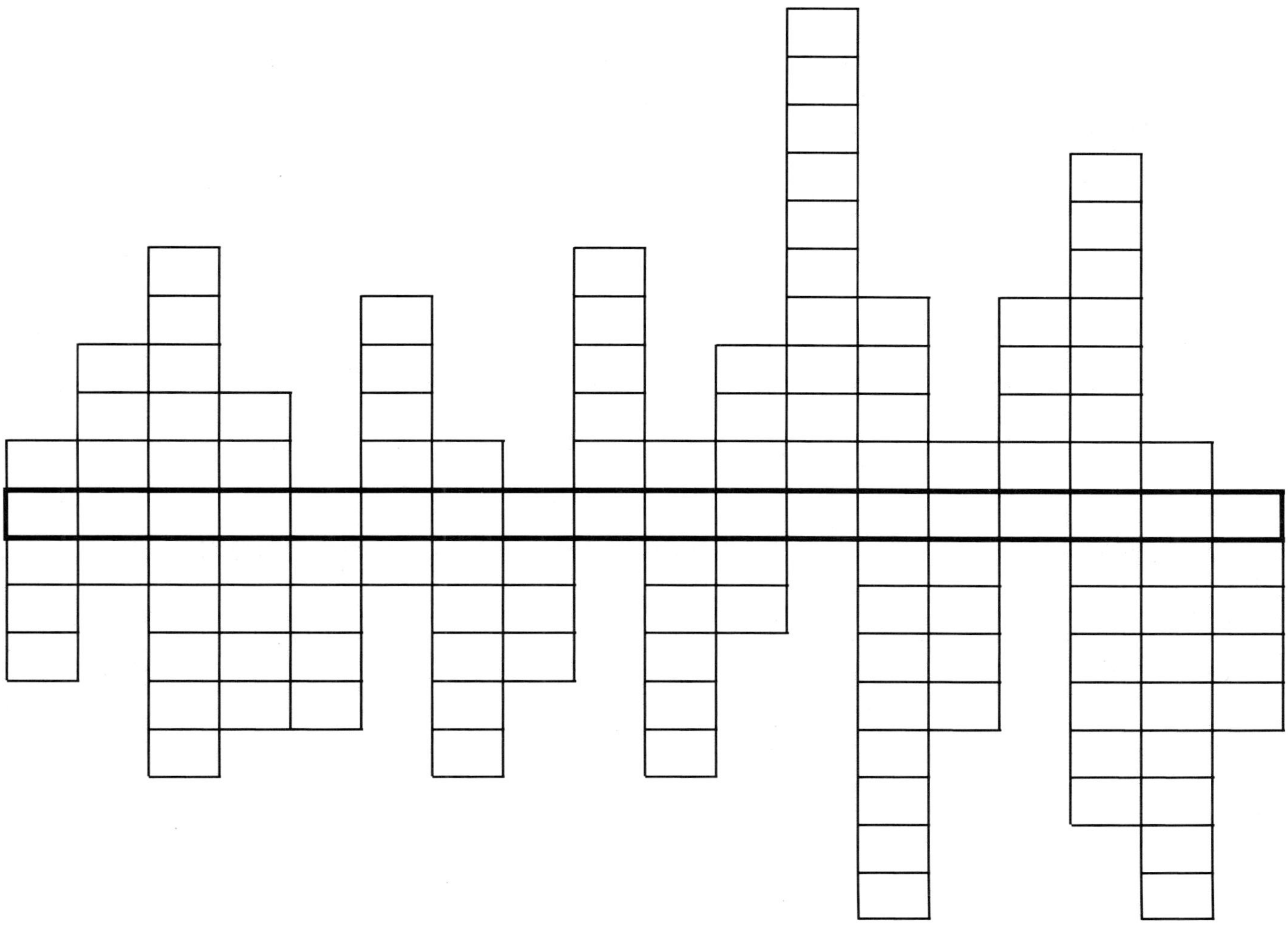

Von seiner Tante ist Tobias der …

Wie nennst du die Schwester deiner Mutter?

Ein anderer Name für „Oma".

Die Tochter deines Onkels ist deine …

Wie nennst du den Bruder deines Vaters?

Von ihrem Onkel ist Karin die …

Die Eltern haben ein Mädchen, ihre …

Die Eltern haben einen Jungen, ihren …

Die Frau deines Vaters ist deine …

Für die Großeltern ist die Tochter ihres Sohnes ihre …

Vater und Mutter sind deine …

Oma und Opa sind deine …

Die Eltern deiner Großeltern sind deine …

Der Sohn deiner Tante ist dein …

Für die Großeltern ist der Sohn ihres Sohnes ihr …

Alle Mitglieder einer Familie bilden eine …

Ein anderer Name für „Opa".

Der Mann deiner Mutter ist dein …

Von seiner Tante ist Tobias der …	NEFFE
Wie nennst du die Schwester deiner Mutter?	TANTE
Ein anderer Name für „Oma".	GROSSMUTTER
Die Tochter deines Onkels ist deine …	COUSINE
Wie nennst du den Bruder deines Vaters?	ONKEL
Von ihrem Onkel ist Karin die …	NICHTE
Die Eltern haben ein Mädchen, ihre …	TOCHTER
Die Eltern haben einen Jungen, ihren …	SOHN
Die Frau deines Vaters ist deine …	MUTTER
Für die Großeltern ist die Tochter ihres Sohnes ihre …	ENKELIN
Vater und Mutter sind deine …	ELTERN
Oma und Opa sind deine …	GROSSELTERN
Die Eltern deiner Großeltern sind deine …	URGROSSELTERN
Der Sohn deiner Tante ist dein …	COUSIN
Für die Großeltern ist der Sohn ihres Sohnes ihr …	ENKEL
Alle Mitglieder einer Familie bilden eine …	VERWANDTSCHAFT
Ein anderer Name für „Opa".	GROSSVATER
Der Mann deiner Mutter ist dein …	VATER

Lösungswort (senkrecht, umrahmt): FAMILIENMITGLIEDER

5.1.7 Peterspiel: Arbeit und Freizeit in der Familie einst und heute

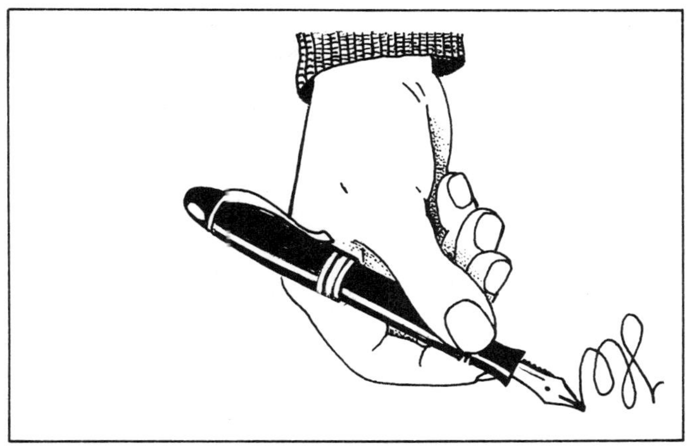
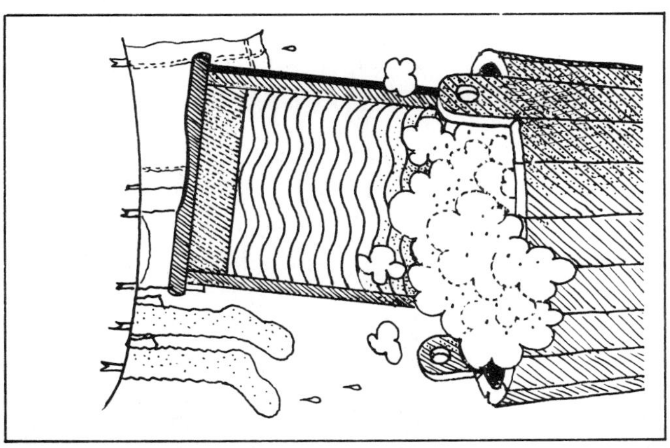
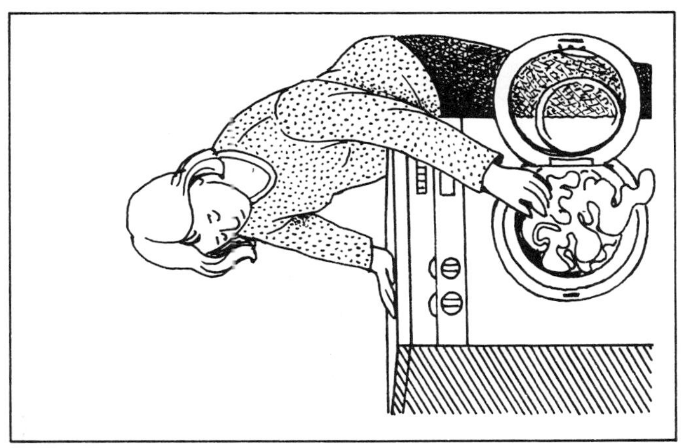
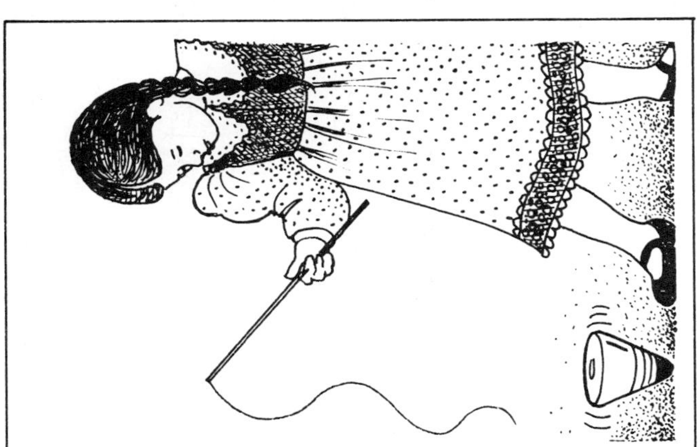

5.1.7

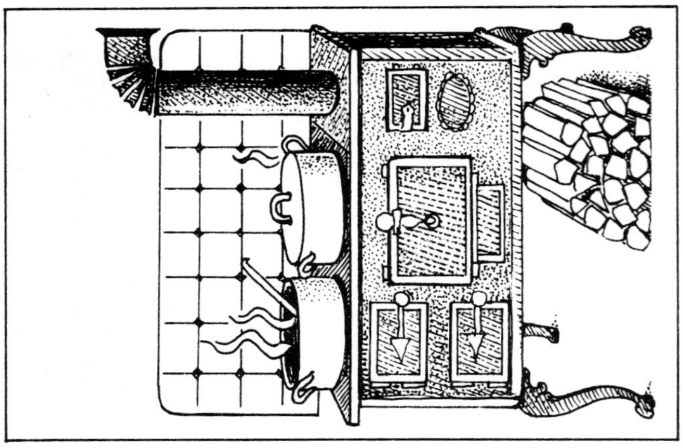

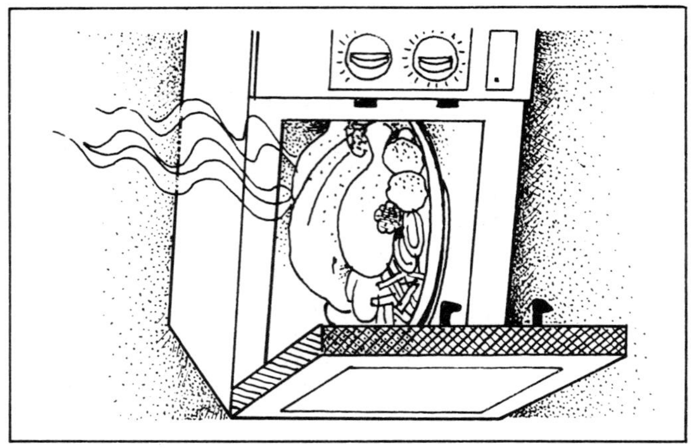

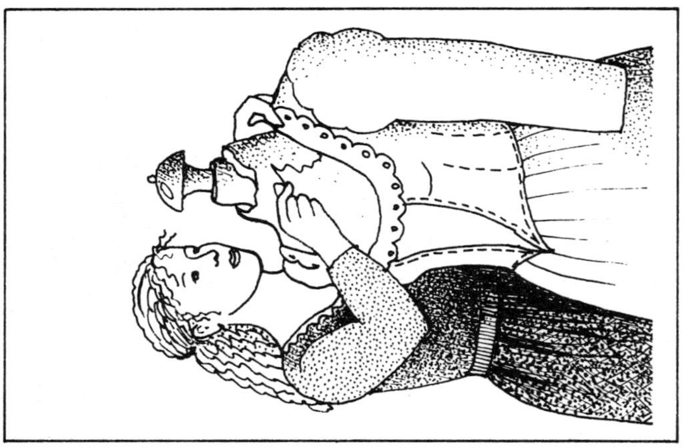

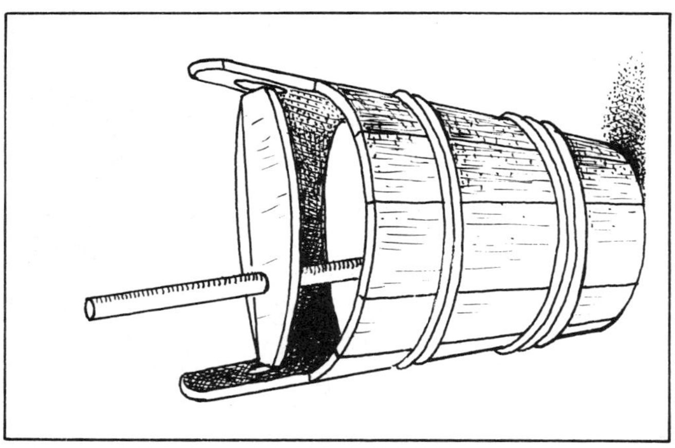

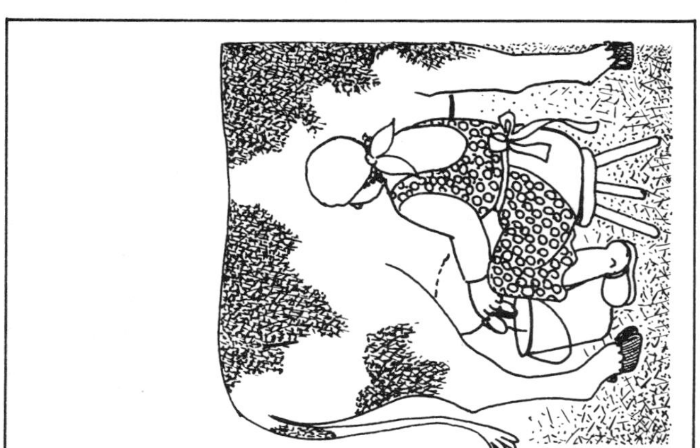

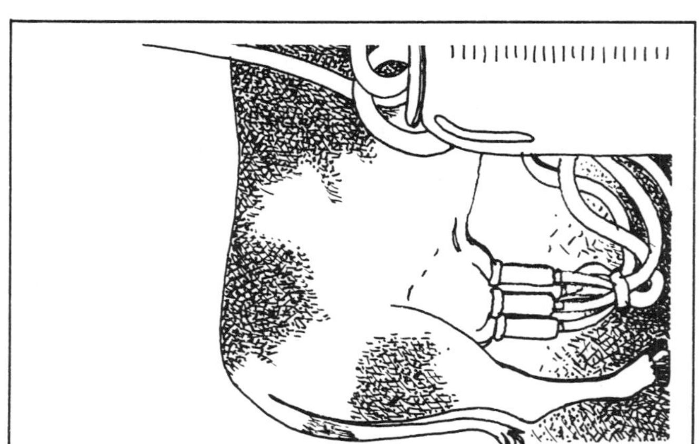

5.1.7

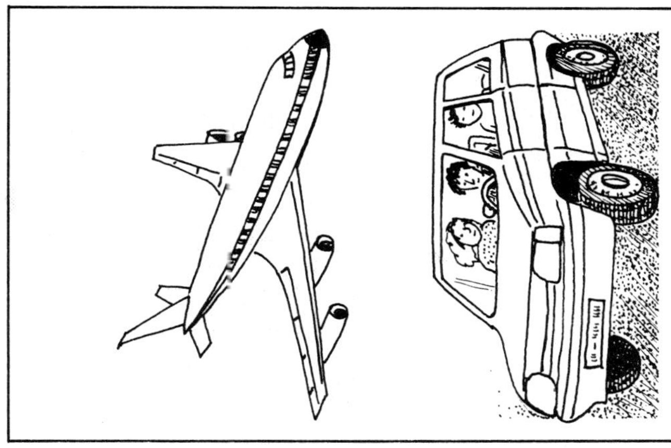

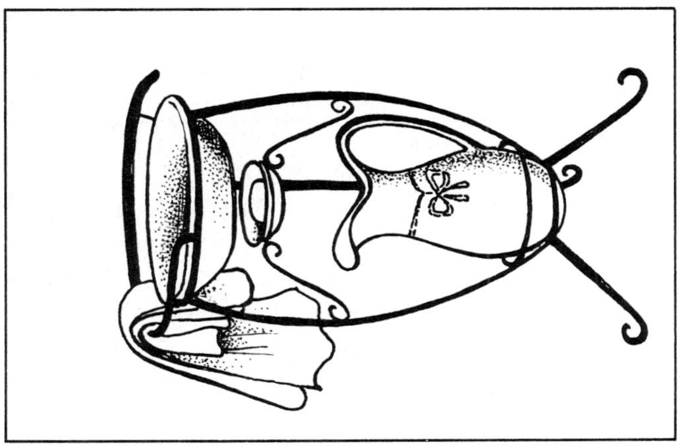

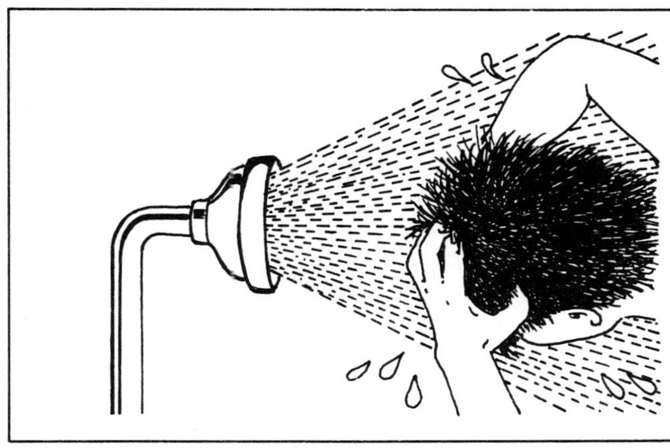

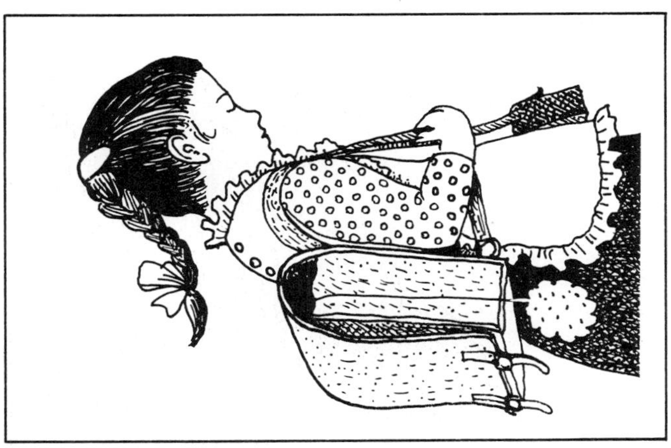

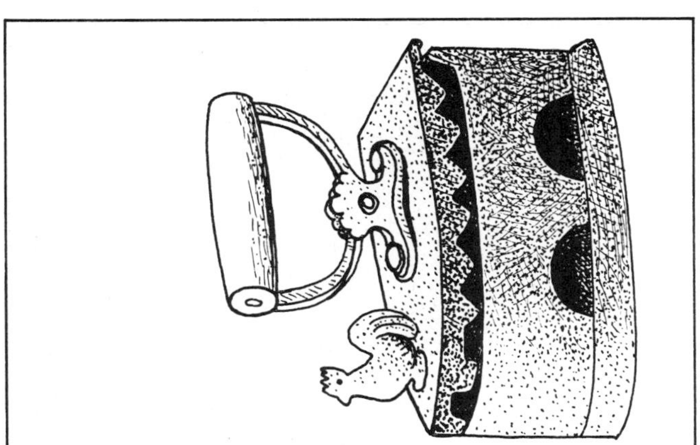

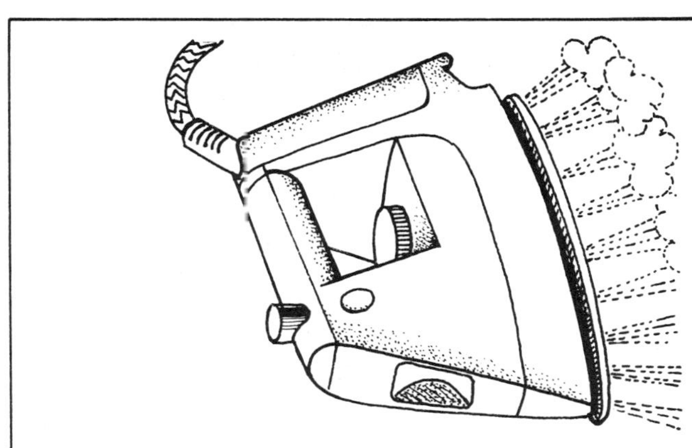

5.1.7

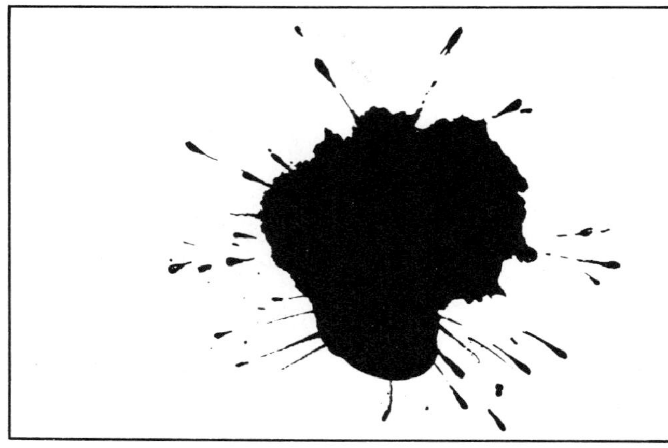

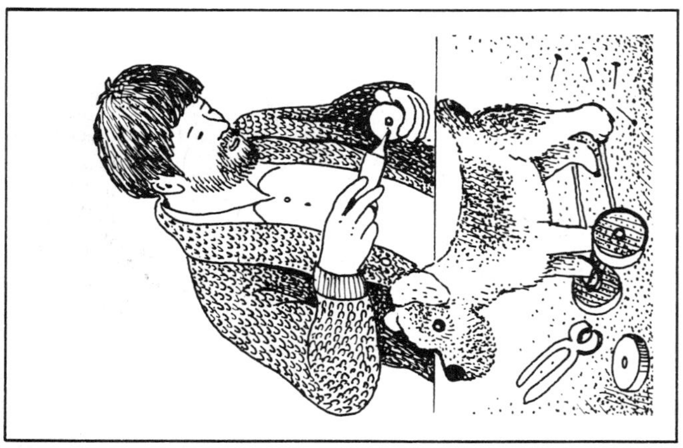

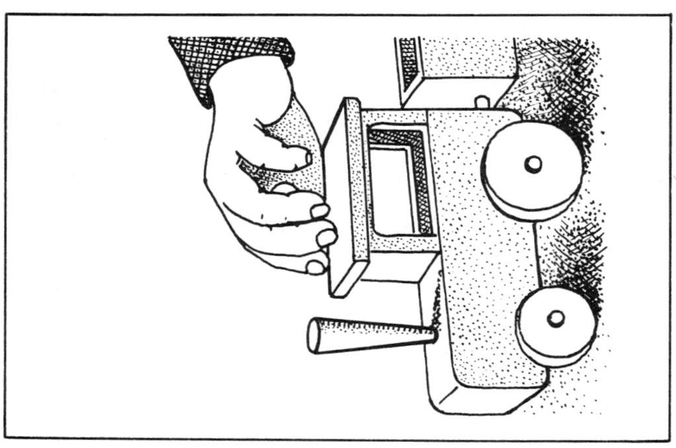

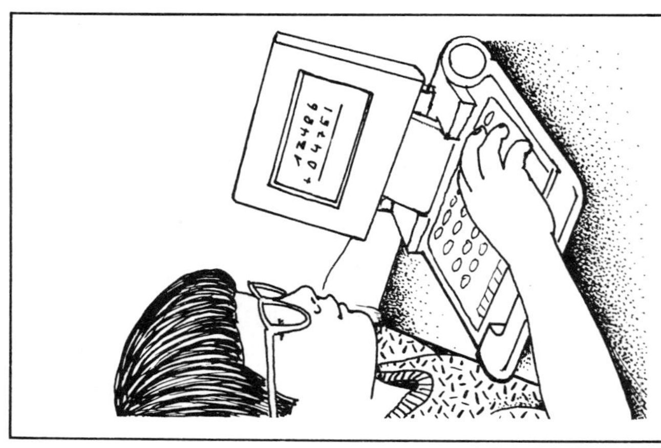

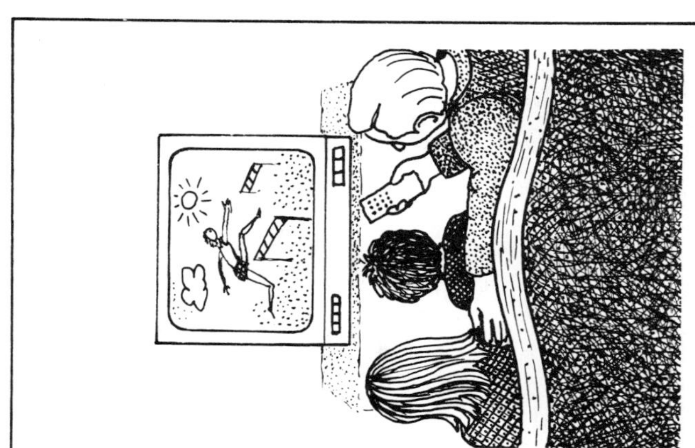

5.2 Kind und Zeit

5.2.1 Stöpselkarte: Alles wandelt sich

Ein Bild gehört nicht in die Reihe.

5.2.2 Lernschieber: Der Lauf des Lebens

Knicken

Knicken

Klebefalz

	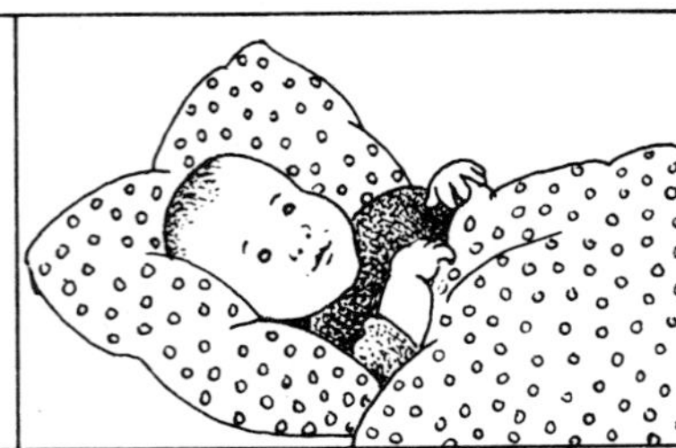
Baby	
Kindergarten-kind	
Schulkind	
Jugendlicher	
Erwachsener	
alter Mensch	
Tod	

5.2.3 Diskussionskarten: Sinnvolles Fernsehen

Fernsehen verursacht in der Familie oft Streit, weil jeder etwas anderes sehen will.	Fernsehen macht einsam, weil man weniger miteinander spielt und miteinander redet.
Fernsehen macht dumm, weil man nur zuschauen und nichts selber tun kann.	Fernsehen hilft, die Welt besser kennenzulernen.
Fernsehen macht Spaß und ist spannend.	Fernsehen hindert uns daran, mit Freunden etwas zu unternehmen.
Viel Fernsehen verdirbt die Augen und macht nervös.	Durch Tiersendungen lernen wir Tiere und ihr Verhalten besser kennen.

Der Wetterbericht kann für die Menschen in vielen Berufen eine wichtige Rolle spielen.

Fernsehen ist gefährlich, weil man durch manche Sendungen Angst und auch Alpträume bekommen kann.

Du siehst im Fernsehen einen Cowboy, der von einem Pfeil in den Rücken getroffen wird. Muß dieser Mann in Wirklichkeit sterben?

Ich setze mich vor den Fernseher, ohne mich vorher über das Programm zu informieren. Ich schaue alles an, was gerade kommt.

Nach einer Sendung spreche ich mit meinen Eltern darüber, wenn ich nicht alles verstanden habe oder der Film mich aufgeregt hat.

Soll man gefährliche Szenen wie z. B. Messerwerfen nachmachen?

Bevor ich das Fernsehgerät einschalte, wähle ich im Programm geeignete Sendungen aus.

Ich schränke das Fernsehen auf eine begrenzte Zeit, auf bestimmte Tage ein.

5.3 Kind und Heimatgeschichte

5.3.1 Domino: Wie lebten die Menschen in der Vorzeit?

A

Anfang

Die Kleidung der Menschen bestand aus Fellen.

Stein, Holz und Tierknochen dienten als Material für Werkzeuge.

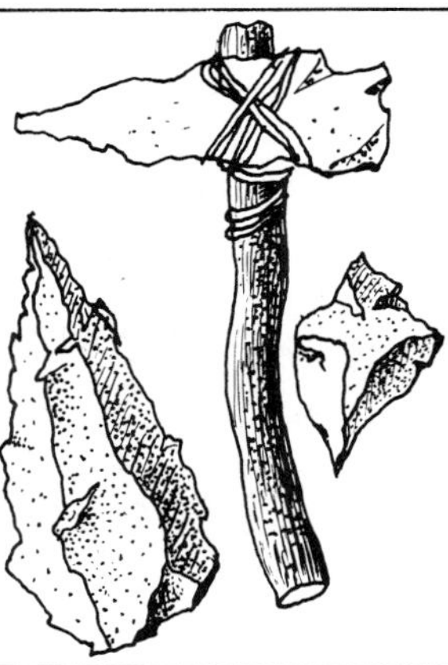

Waffen wurden aus Holz und Stein hergestellt.

Die Menschen lebten in Höhlen, Holzhütten und einfachen Steinbauten.

Die Menschen gingen zur Nahrungssuche auf die Jagd.

Die Menschen bereiteten ihr Essen am offenen Feuer.

Die Menschen schliefen auf Fellen.

E

Ende

5.3.2 Fehlersuchbild: Römischer Markttag

Römischer Markttag

Suche die Gegenstände auf dem Bild, die nicht in diese Zeit passen. Die Kennbuchstaben ergeben in der richtigen Reihenfolge geordnet das Lösungswort.

5.3.3 Stöpselkarte: Die Römerzeit

Die Römerzeit Mehrere Lösungen können richtig sein.			
Wann lebten die Römer?	vor ca. 100 Jahren	vor ca. 2000 Jahren	vor ca. 10 Jahren
Wann wollten die Römer das Gebiet des heutigen Deutschland erobern?	um die Zeit der Geburt Christi	um die Zeit der Geburt deines Freundes	um die Zeit der Geburt deines Großvaters
Wer gab den Befehl, das Land nördlich der Alpen zu besetzen?	Napoleon	Kaiser Wilhelm	Kaiser Augustus
Wer waren die größten Feinde der Römer?	Türken	Germanen	Gallier
Welche Flüsse hinderten die Germanen, römische Gebiete anzugreifen?	Donau	Rhein	Main
Wie heißt der Grenzwall, den die Römer gegen die Germanen errichtet haben?	Murus	Limes	Miles
Wie lang ist der Limes?	etwa 10 000 km	etwa 500 km	etwa 3 km
Was legten die Römer zwischen den einzelnen Städten an?	Gärten	Straßen	Kanäle

Die Römerzeit Mehrere Lösungen können richtig sein.			
Wie hieß das Lager der römischen Soldaten?	Kaserne	Schloß	Kastell
Wie viele Soldaten bildeten eine Kohorte?	etwa 500–600	etwa 100 000	etwa 3–4
Wozu diente ein Kastell?	Unterkunft für Soldaten	Vorrats- und Waffenlager	Vergnügungspark
Welche Städte wurden von den Römern gegründet?	Köln	Paris	Regensburg
Was haben die Römer bei den Germanen eingeführt?	Heizung	Häuser aus Stein	Fußball
Welche Funde zeigen uns, daß die Römer in Deutschland waren?	Unterirdische Stromkabel	Kupfermünzen	Tonscherben
Welche Pflanzen kennen wir durch die Römer?	Kirsche	Rettich	Weinrebe
Welches sind römische Ziffern?	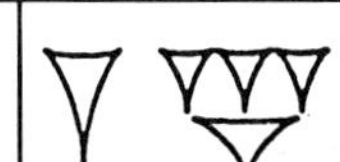	II IV XI	2 4 8

5.4 Orientierung im heimatlichen Raum

5.4.1 Postkartenpuzzle: Orientierung mit Hilfe der Himmelsrichtungen

Wo geht die Sonne morgens auf? Osten (2) Süden (4) Westen (5)	Welche Himmelsrichtung ist auf der Landkarte immer oben? Osten (3) Süden (9) Norden (1)
Wo steht der Altar in alten Kirchen? Westen (1) Osten (4) Norden (10)	Wo geht die Sonne abends unter? Osten (8) Westen (3) Süden (6)
Wo steht der Polarstern? Norden (6) Westen (1) Süden (7)	An welcher Seite sind die Bäume mit Moos bewachsen? Osten (2) Westen (5) Norden (9)
In welche Richtung zeigt die Kompaßnadel? Norden (8) Süden (6) Westen (7)	Wo steht die Sonne am Mittag? Norden (5) Süden (7) Osten (10)
Wo ist die Sonne nie zu sehen? Norden (10) Westen (6) Osten (3)	Welcher Gegenstand hilft dir bei der Suche nach der Himmelsrichtung? Blume (5) Kompaß (9) Gabel (1)

1	2
3	4
5	6
7	8
9	10

5.4.2 Puzzle: Windrose

Für die Selbstkontrolle durch die Schüler werden die Puzzleteile auf der Rückseite in der richtigen Reihenfolge durchnumeriert.

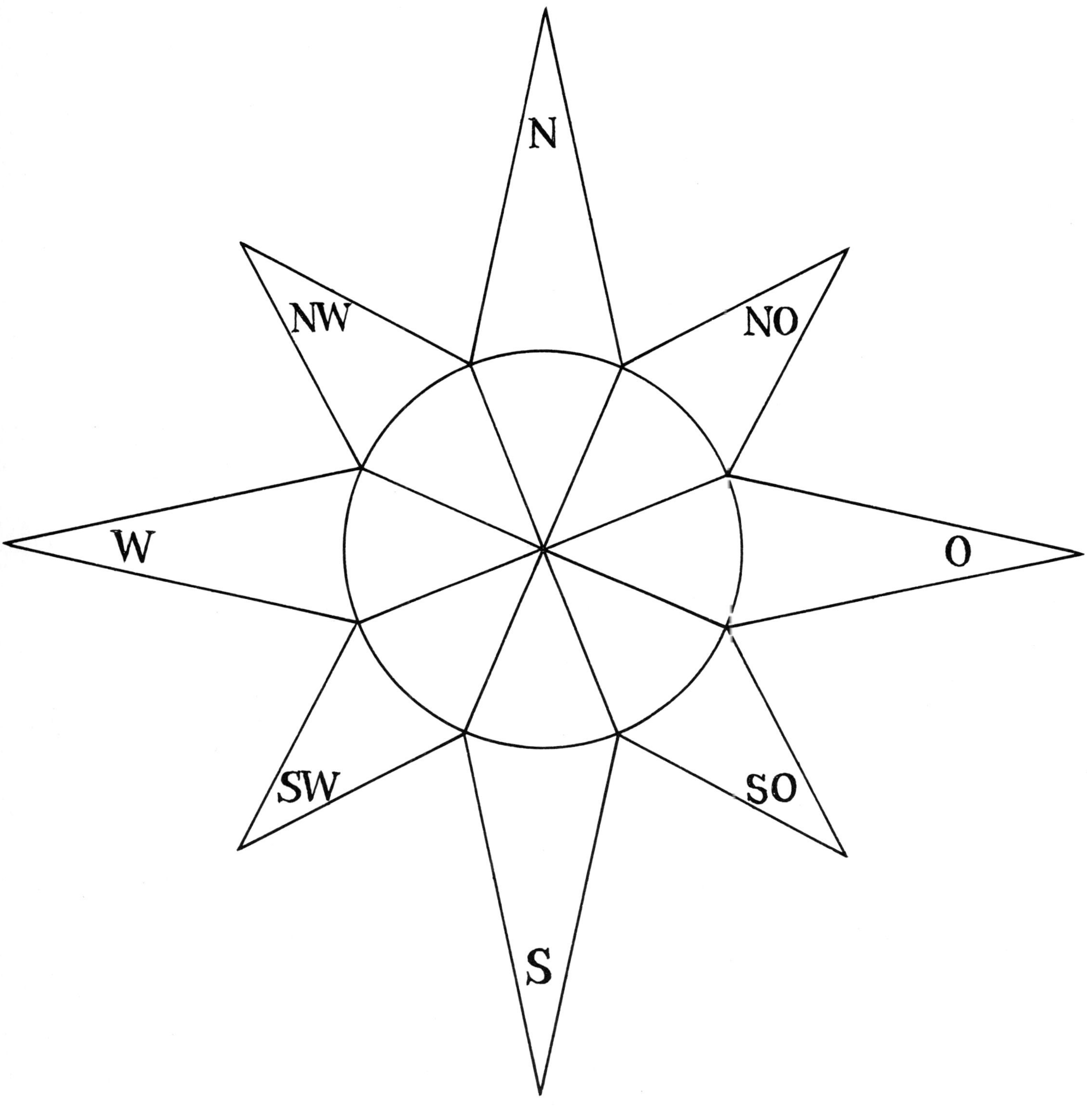

5.4.3 Stöpselkarte: Wohin fällt der Schatten?

Wohin fällt der Schatten? Nur eine Antwort ist richtig.

5.4.4 Stöpselkarte: Wichtige Kartenzeichen

Nur eine Antwort ist richtig.				
	Wiese	Mischwald	Nadelwald	Laubwald
	Laubwald	Nadelwald	Mischwald	Wiese
	Feld	Wiese	Wald	See
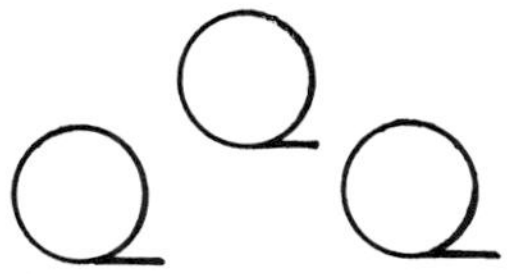	Mischwald	Laubwald	Nadelwald	Wiese
	Teich	See	Meer	Fluß
	Straße	Bahnlinie	Autobahn	Gehweg
	Kirche	Boje	Ruine	Straße
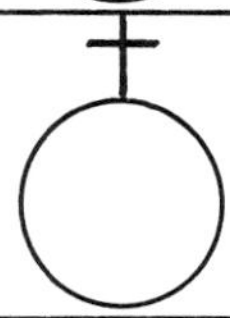	Ruine	Friedhof	Kirche	Burg
	Radfahr-weg	Fluß	Straße	Gehweg
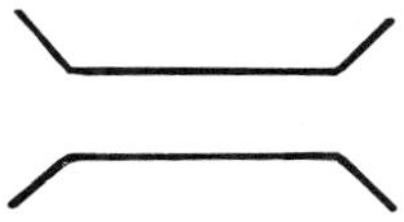	Kirche	Burg	Brücke	Kloster
	Burg	Kloster	Kirche	Hochhaus
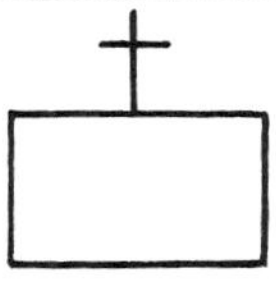	Kirche	Burg	Kloster	Einfami-lienhaus

5.5 Einblick in die Welt der Arbeit

5.5.1 Memory: Brotbacken beim Bäcker und zu Hause

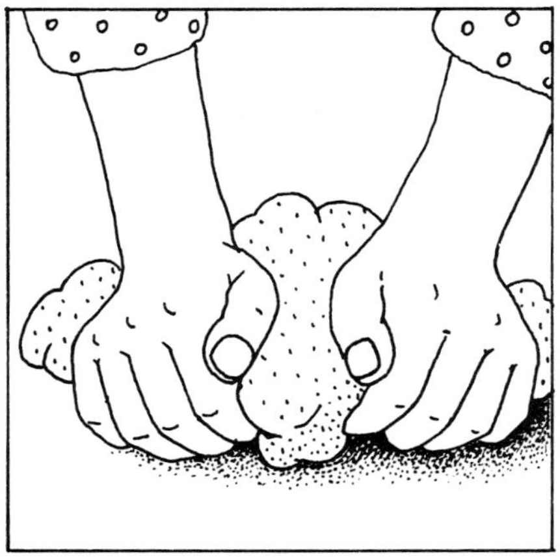

Wir kneten den Teig mit den Hän-den. Der Bäcker benutzt dafür die Knetmaschine.

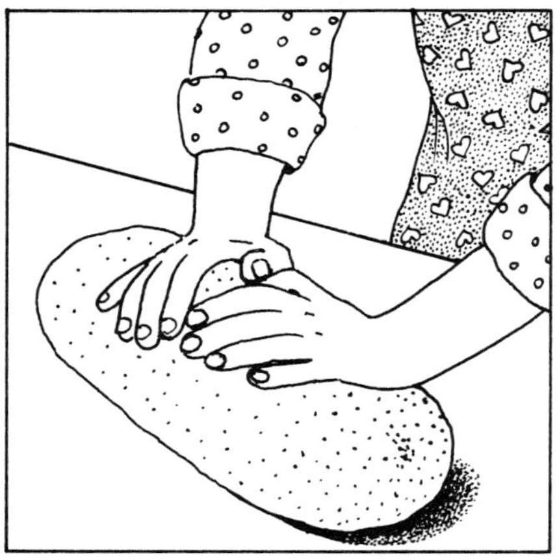

Wir formen das Brot mit der Hand. Der Bäcker hat dafür eine Maschine.

Wir backen das Brot im Backrohr. Der Bäcker schiebt es in den großen Backofen.

Wir backen Brot in kleinen Mengen. Der Bäcker stellt jeden Tag viele Brote her.

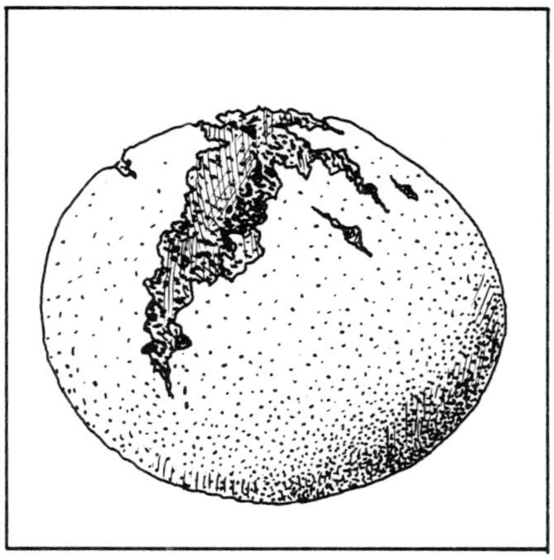

Wir backen nur eine Sorte Brot. Der Bäcker bietet viele Sorten an.

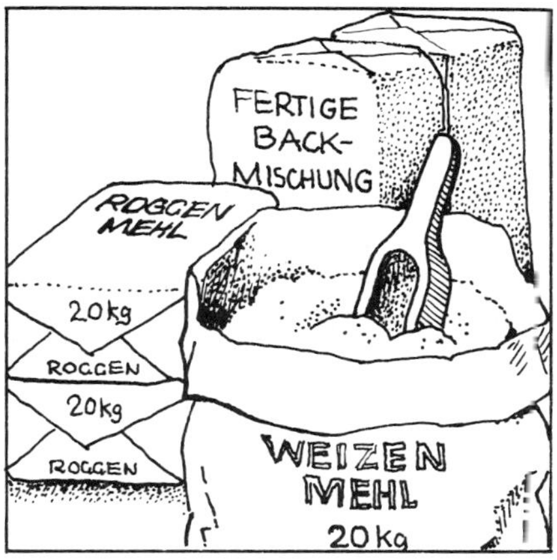

Wir benötigen kleine Mengen an Zutaten, der Bäcker braucht große Mengen.

Wir essen das Brot in der Familie. In der Bäckerei wird es verkauft.

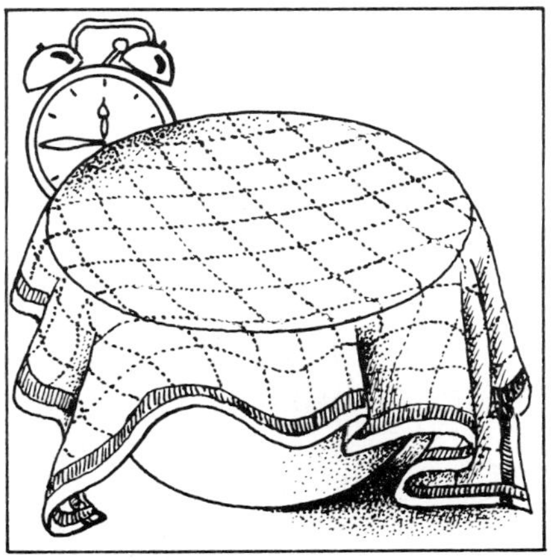

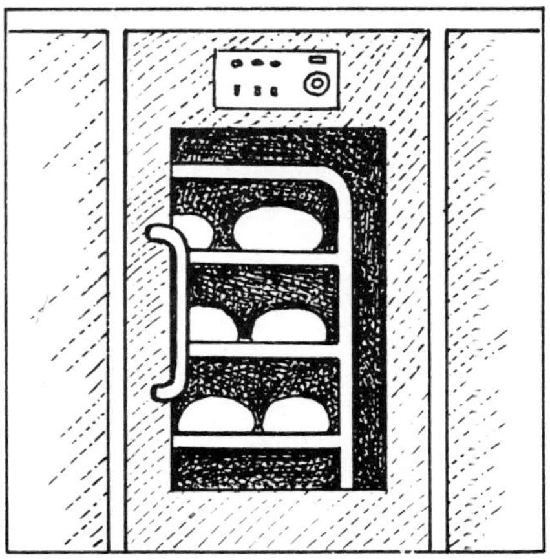

Wir lassen den Teig in einer Schüssel gehen. Der Bäcker stellt die Brote in den Gärraum.

5.5.2 Memory: Die Feuerwehr

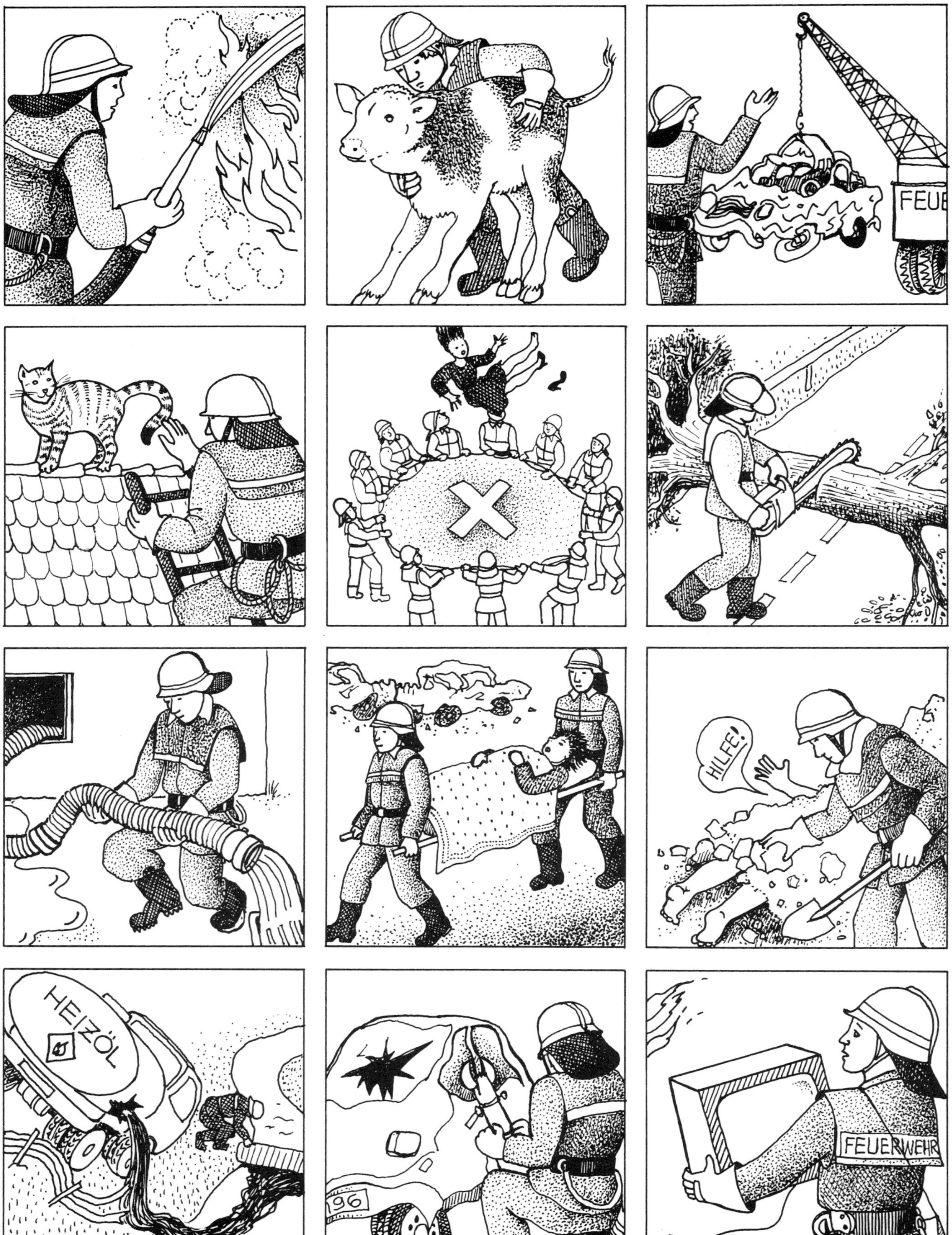

5.5.2

Die Feuerwehr löscht Brände.	Die Feuerwehr rettet bei einem Brand gefährdete Tiere.	Die Feuerwehr birgt Fahrzeuge.
Die Feuerwehr holt eine Katze vom Dach.	Die Feuerwehr rettet Menschen aus brennenden Gebäuden.	Die Feuerwehr hilft, nach einem Sturm die Straße wieder frei zu machen.
Die Feuerwehr pumpt überflutete Keller aus.	Die Feuerwehr rettet bei einem Autounfall Verletzte.	Die Feuerwehr birgt Verschüttete.
Die Feuerwehr errichtet Ölsperren, um ausgelaufenes Öl abpumpen zu können.	Die Feuerwehr befreit Verun-glückte mit der Ret-tungsschere aus dem Unfallwagen.	Die Feuerwehr rettet bei einem Brand Hab und Gut der Bewohner.

5.5.3 Lernschieber: Die Ausrüstung der Feuerwehr

Funkgerät	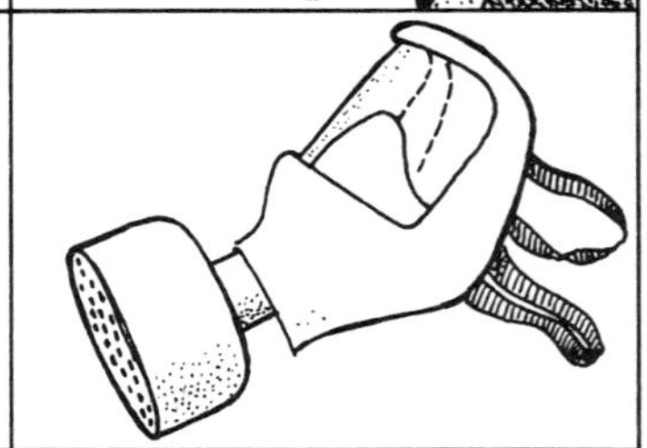
Gasmaske	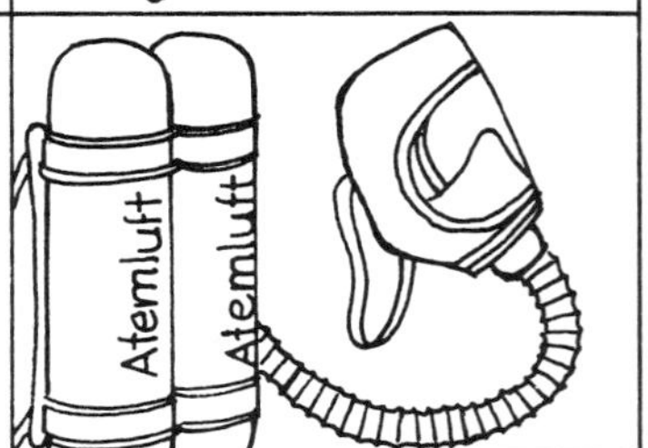
Atemluft-gerät	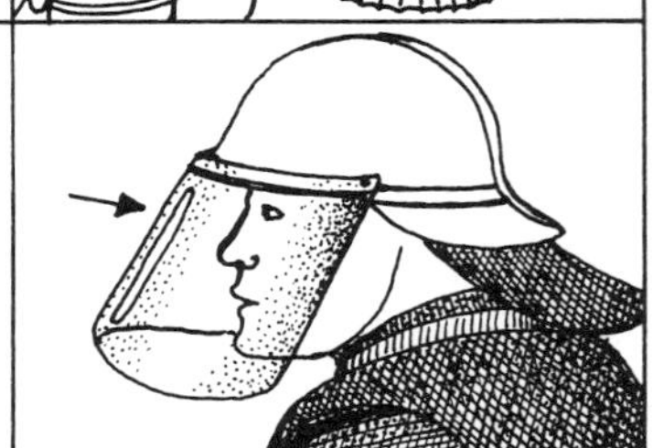
Gesichts-schutz	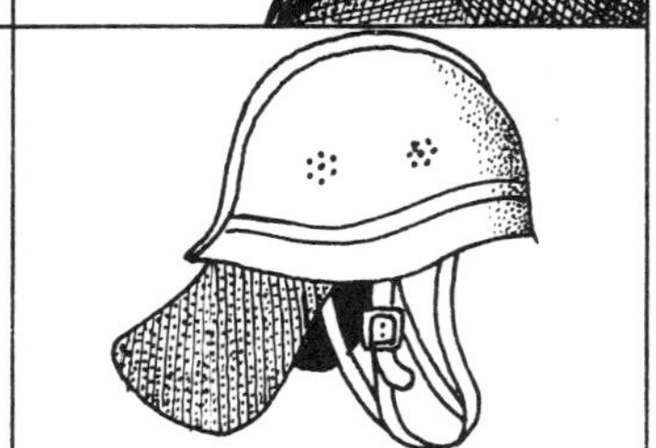
Helm mit Nacken-schutz	
Hitzefeste Handschuhe	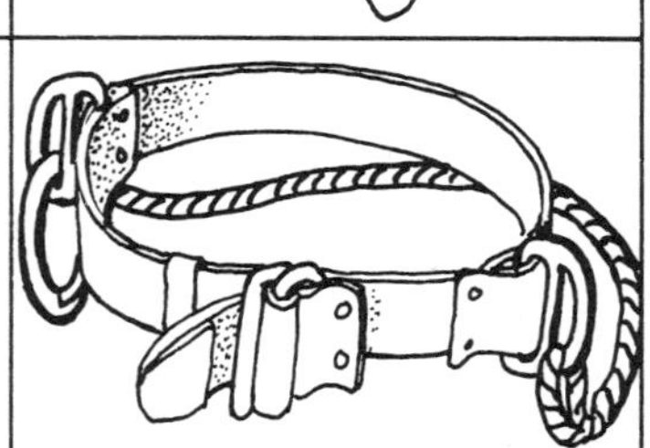
Gürtel mit Seil und Karabiner-haken	

	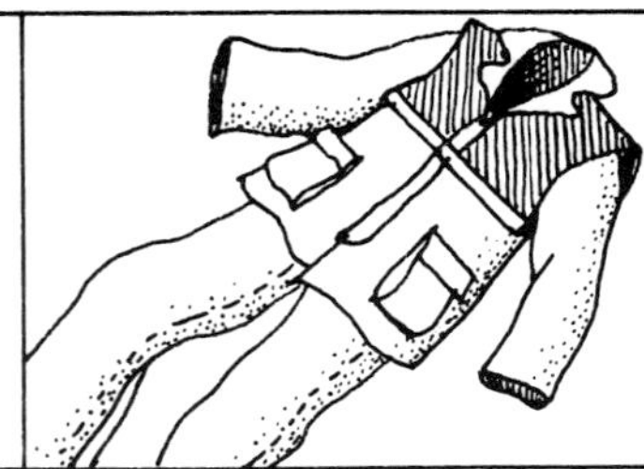
Schutzanzug	
Handschein-werfer	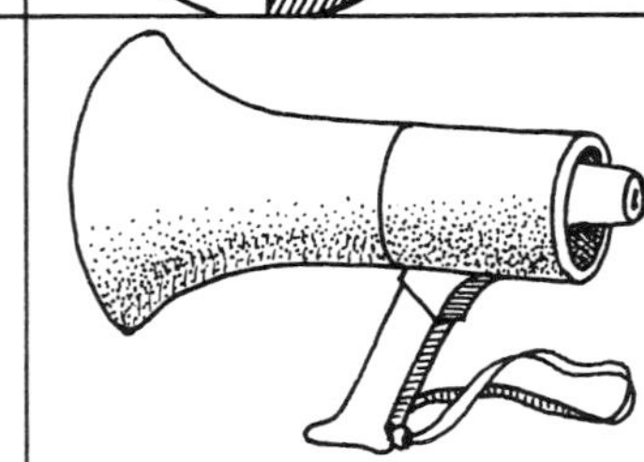
Hand-lautsprecher	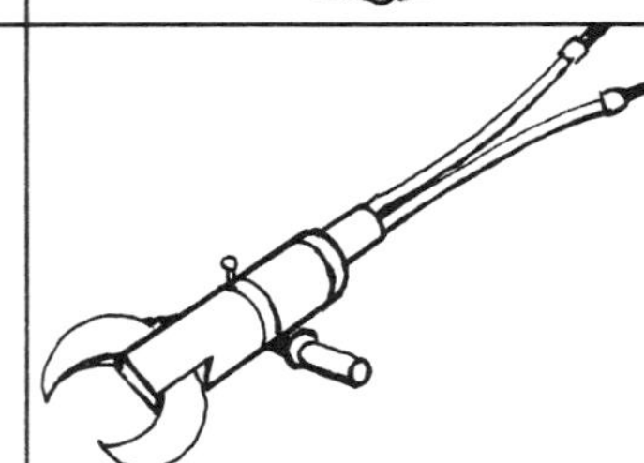
Rettungs-schere	
Strom-erzeuger (Generator)	
Wasser-schlauch	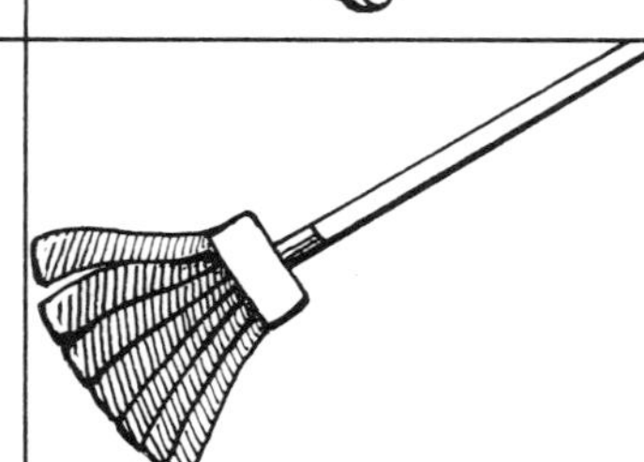
Waldbrand-patsche	

5.5.4 Diskussionskarten: Polizei

Karin will Polizistin werden.
Peter lacht: „Das ist doch kein Beruf für Frauen."

„Die Polizei, dein Freund und Helfer!"
Was meinst du dazu?

Bei einem Verkehrsunfall komme ich immer ohne die Polizei aus.

Ein Juwelier, bei dem eingebrochen wurde, geht selbst auf Verbrecherjagd.

Die Ampelanlage fällt aus. Ich stelle mich in die Mitte der Kreuzung und regle den Verkehr.

Die Polizei überwacht die Fahrgeschwindigkeit auf den Straßen.

Die Polizei ist eine überflüssige Einrichtung. Jeder kann sich selber beschützen.

Warum sind Polizeifahrzeuge sofort zu erkennen? Ist das notwendig?

5.5.5 Puzzle mit Arbeitskarte: Die Polizei

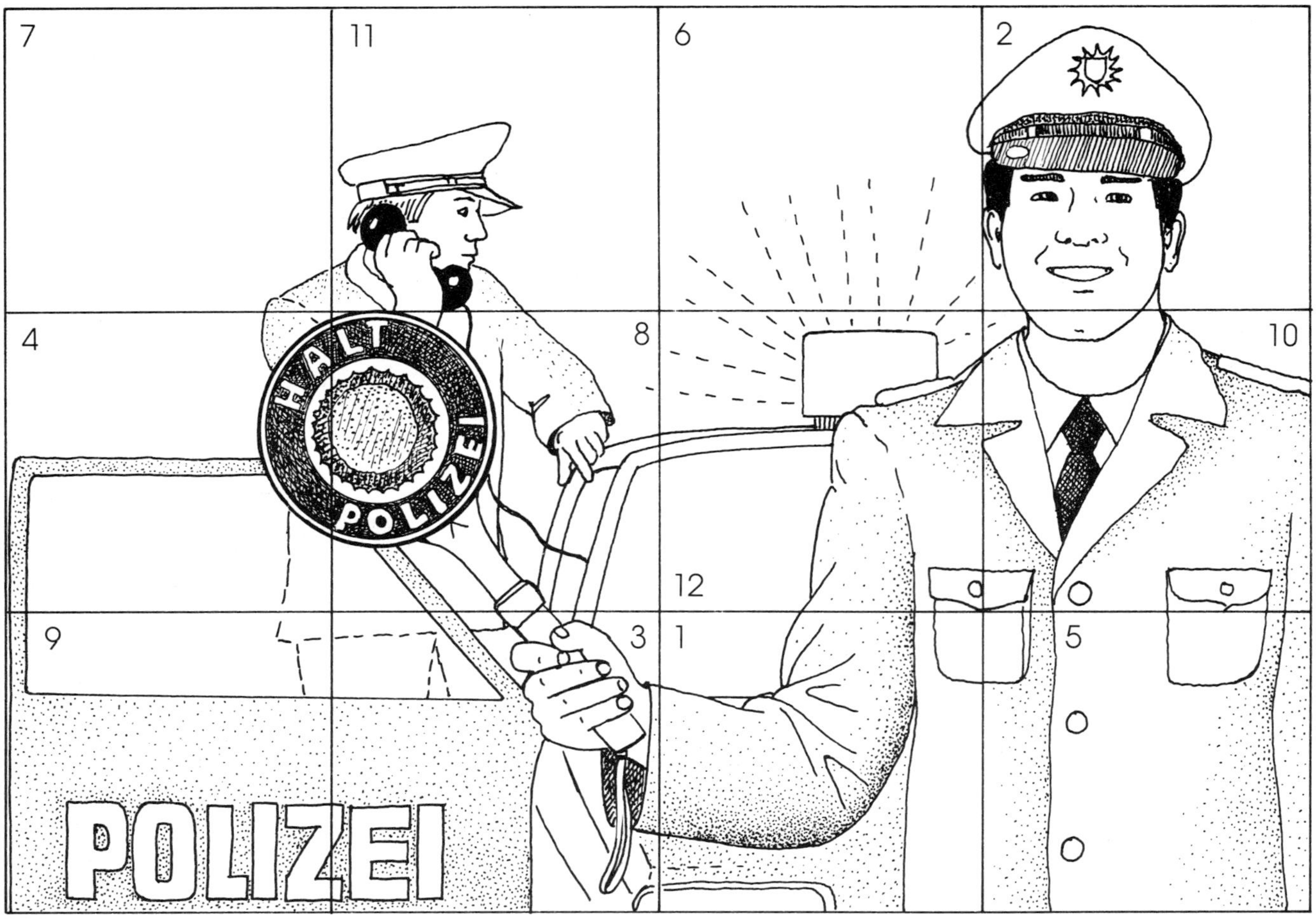

Was trägt ein Polizist im Dienst? Uniform (7) Anzug und Krawatte (2)	Welche Telefonnummer hat die Polizei? 112 (9) 110 (11)	Was blinkt am Auto, wenn die Polizei zu einer Unfallstelle fährt? Blaulicht (6) Grünlicht (12)	Wer regelt den Straßenverkehr? Bürgermeister (10) Verkehrspolizei (2)
Wer sorgt auf Flughäfen für Sicherheit und Ordnung? Flughafenpolizei (4) Gepäckträger (6)	Welches Tier hilft der Polizei bei ihren Aufgaben? Affe (3) Hund (8)	Wer sorgt auf unseren Gewässern für Sicherheit und Ordnung? Kapitän (11) Wasserschutzpolizei (12)	Wer ist zuständig bei Einbrüchen und Mordfällen? Kriminalpolizei (10) Feuerwehr (4)
Wie heißt die Abkürzung für Kriminalpolizei? Kripo (9) Kalpo (5)	Wie heißen die Fahrzeuge der Polizei? Funkstreifenwagen (3) Taxi (12)	Wie wird ein Funkstreifenwagen zu einem Notfall gerufen? per Funk (1) über Radio (9)	Was hört man, wenn ein Funkstreifenwagen zu einem Unfall fährt? Jagdhorn (1) Martinshorn (5)

5.5.6 Würfelspiel: Spielplan

5.5.6 Ereigniskarten: Richtiges Verhalten in Notfällen

(1) Ein Autofahrer hört hinter sich das Martinshorn. Er fährt an den rechten Straßenrand und läßt den Rettungswagen vorbeifahren. *Vor auf 10!*	(17) Es brennt. Du wählst die Nummer 110. *Zurück auf 12!*
(6) Um eine Wette zu gewinnen, schlägst du das Glas des Feuermelders ein und löst damit unnötigen Alarm bei der Feuerwehr aus. *Zweimal aussetzen!*	(20) Du rufst die Feuerwehr an und sagst nicht, wer spricht und von wo du anrufst. *Einmal aussetzen!*
(9) Du rufst die Polizei oder die Feuerwehr an und gibst genau an, wohin sie fahren müssen. *Noch einmal würfeln!*	(23) Du alarmierst die Feuerwehr oder die Polizei und schilderst genau, was passiert ist. *Vor auf 27!*
(11) Beim Zündeln fängt die Kleidung des Kindes Feuer. Es wälzt sich sofort auf dem Boden, um die Flammen zu ersticken. *Vor auf 16!*	(28) Du sollst bei einem Unfall die Polizei benachrichtigen. Du wählst die Nummer 112. *Einmal aussetzen!*

(33)
Es brennt. Du versteckst dich vor lauter Angst, so daß dich niemand sieht.

Zurück auf 27!

(54)
Du alarmierst die Feuerwehr und sagst,
- wo etwas passiert ist,
- was passiert ist,
- wer spricht,
- von wo du anrufst.

Vor auf 60!

(38)
Bei einem Brand bleibst du weit entfernt von der Brandstelle stehen.

Vor auf 45!

(59)
Ein Fahrradfahrer hört hinter sich die Sirene eines Feuerwehrautos. Er fährt in der Mitte der Fahrbahn weiter.

Zurück auf 50!

(43)
Bei einem Unfall versuchst du, möglichst nah an die Unfallstelle heranzukommen, um alles genau zu sehen.

Zurück auf 35!

(63)
Du betätigst den Hebel „Notruf/ Feuerwehr" in der Telefonzelle nur in wirklichen Notfällen.

Noch einmal würfeln!

(48)
Bei Feueralarm achtest du darauf, daß Fenster und Türen geschlossen sind und verläßt möglichst schnell das Schulhaus.

Noch einmal würfeln!

(67)
In der Schule brennt es. Du läufst ohne Überlegung ins Freie und versteckst dich.

Zurück auf 55!

5.5.7 Ausmalbild: Die Wasserversorgung früher und heute

Male die Felder der richtigen Antwort blau aus.

1. Früher holten die Leute ihr Wasser mit Eimern von der Quelle.
   ja (7) nein (3)
2. Heute schöpfen die Leute ihr Trinkwasser aus dem See.
   ja (5) nein (4)
3. Heute läßt man das benötigte Wasser aus dem Wasserhahn laufen.
   ja (1) nein (6)
4. Früher mußte man das Trinkwasser aus dem Brunnen pumpen.
   ja (8) nein (11)
5. Früher war das Wasser öfter durch in der Nähe gelegene Jauchegruben und Müllkippen verseucht.
   ja (9) nein (10)
6. Heute wird das Wasser erst gereinigt, bevor es in die Häuser kommt.
   ja (12) nein (14)
7. Früher sorgte das Wasserwerk dafür, daß jeder Einwohner eines Dorfes sein Wasser aus dem Wasserhahn entnehmen konnte.
   ja (13) nein (15)
8. Durch das Trinken von verunreinigtem Wasser können gefährliche Krankheiten wie Cholera und Typhus übertragen werden.
   ja (16) nein (17)

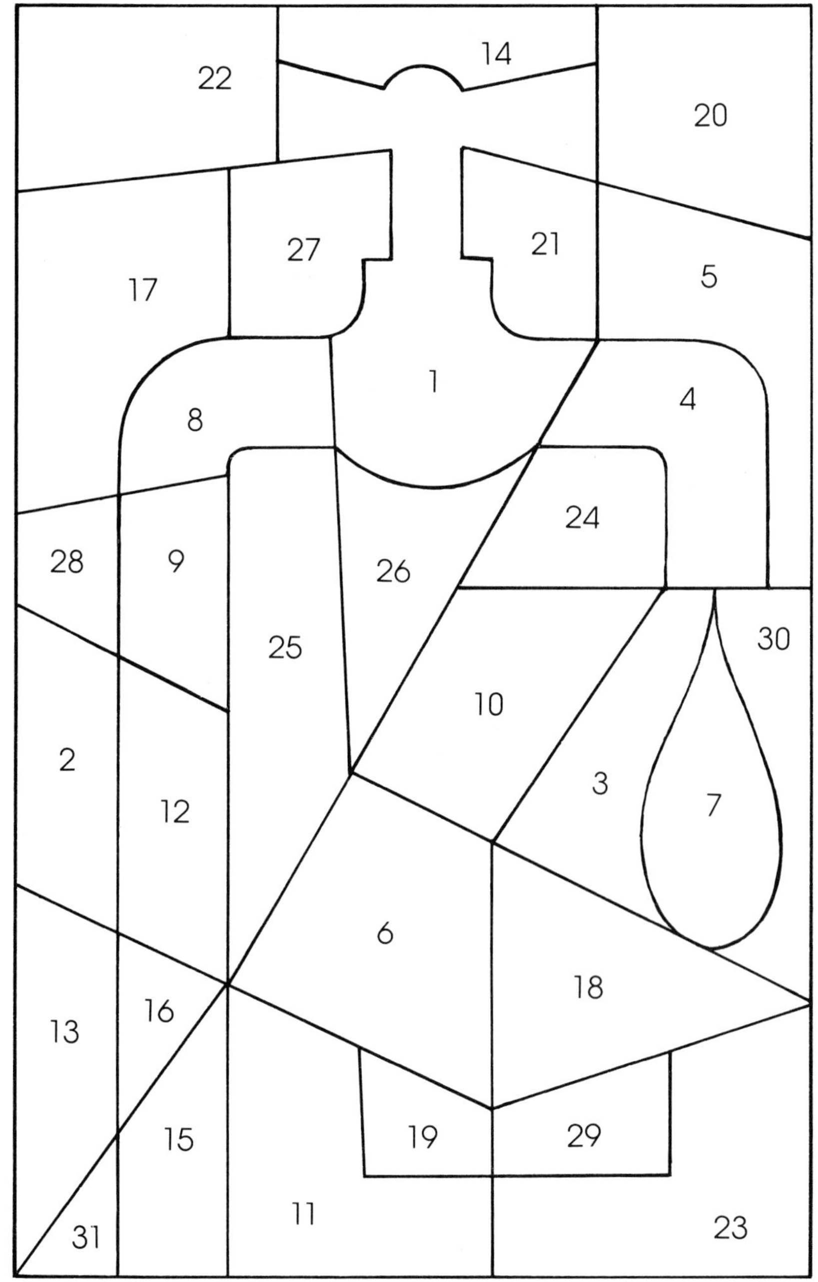

5.5.8 Domino: Unser Wasser ist in Gefahr

A

Anfang

Ein Landwirt spritzt sein Feld. Schädlingsbekämpfungsmittel gelangen ins Grundwasser.

Eine Chemiefabrik brennt. Verseuchtes Löschwasser fließt in den nächsten Fluß.

Beim Putzen werden zu viele schädliche Haushaltsreiniger verwendet, die unser Wasser verschmutzen.

Zuviel Spülmittel beim Abwasch belastet das Abwasser.

Zuviel Weichspüler im Abwasser erschwert den Reinigungsvorgang in der Kläranlage.

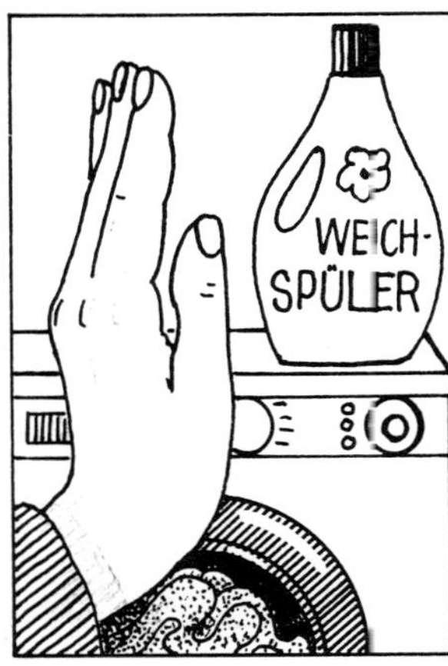

Herr Müller wäscht sein Auto am Fluß. Die Reinigungsmittel geraten ins Wasser.

Ein Tanklaster stürzt um. Auslaufendes Öl gelangt in Fluß und Grundwasser.

Fabriken leiten ihre Abwässer direkt in den Fluß.

Immer mehr Gewässer sind vom Austrocknen bedroht.

Lösemittel aus Farben, Klebstoffen usw. gefährden unser Grundwasser.

Feste Abfälle wie Watte, Papiertaschentücher usw. gehören nicht ins Abwasser.

Duftsteine in Toiletten belasten die Kläranlagen und das Grundwasser.

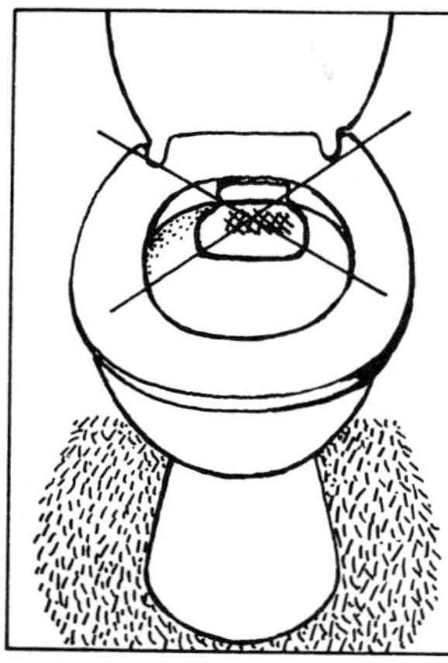

Saugheber beseitigen Verstopfungen umweltfreundlicher als Abfluß- und Rohrreiniger.

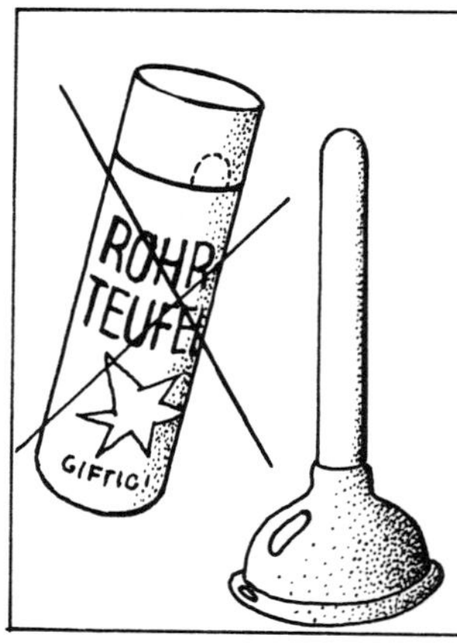

E

Ende

5.5.9 Stöpselkarte: Das Wasser

Mehrere Antworten sind möglich.			
Was geschieht, wenn es lange Zeit nicht regnet?	Pflanzen und Bäume verdorren.	Die Erde trocknet aus.	Der Rasen wächst schnell.
Wieviel Liter Trinkwasser werden mit einem Trop-fen Öl verschmutzt?	10 l	100 l	150 l
Wie lange kann ein Mensch ohne Flüssigkeit leben?	ca. 5 Stunden	ca. 2 Tage	ca. 1 Woche
Was geschieht, wenn Menschen und Tiere lange Zeit kein Wasser mehr bekommen?	Ihr Körper trocknet aus.	Sie ver-dursten.	Sie müssen mehr essen.
Welche Gefahren dro-hen unserem Wasser?	Abfälle werden ins Wasser geworfen.	Abwasser wird in Flüsse geleitet.	Öl läuft ins Wasser.
Was passiert, wenn Wasser verschmutzt wird?	Die Tiere im Wasser sterben.	Wir können guten Tee kochen.	Das Baden wird verboten.
Durch Trockenheit und Verunreinigung wird das Trinkwasser immer weniger. Was geschieht?	Trink-wasser für Menschen und Tiere wird knapp.	Der Wasser-verbrauch für Menschen, Tiere und Pflanzen wird ein-geschränkt.	Wir kön-nen jeden Tag ein Vollbad nehmen.

5.5.10 Würfelspiel
Ereigniskarten: Wir sparen Wasser

(1) Ich nehme lieber eine Dusche als ein Vollbad. *Vor auf 10!*	(17) Mein Lieblingspullover ist schmutzig. Mutter wäscht ihn alleine in der Waschmaschine. *Zurück auf 12!*
(6) Ich lasse im Bad den Wasserhahn tropfen. *Zweimal aussetzen!*	(20) Ich putze mir die Zähne und lasse dabei das Wasser laufen. *Einmal aussetzen!*
(9) Bei der Toilettenspülung lasse ich nicht mehr Wasser durchlaufen als nötig ist. *Noch einmal würfeln!*	(23) Die Feuerwehr braucht Wasser zum Löschen. *Vor auf 27!*
(11) Ich sammle Regenwasser und gieße damit die Blumen. *Vor auf 16!*	(28) Der Rasensprenger im Garten ist den ganzen Tag in Betrieb. *Einmal aussetzen!*

(33)
Beim Autowaschen im Hof lasse ich die ganze Zeit das Wasser laufen.

Zurück auf 27!

(54)
Beim Putzen kann man Wasser sparen.

Vor auf 60!

(38)
Mutter läßt das Auto in der umweltschonenden Waschanlage reinigen.

Vor auf 45!

(59)
Zum Blumengießen nehme ich nur frisches Wasser aus der Leitung.

Zurück auf 50!

(43)
Ich spüle unter fließendem Wasser drei Tassen ab.

Zurück auf 35!

(63)
Wir benutzen Regenwasser zum Gartengießen.

Noch einmal würfeln!

(48)
Wir setzen die Spülmaschine erst dann in Betrieb, wenn sie voll ist.

Noch einmal würfeln!

(67)
Herr Meier will auf sein tägliches Vollbad nicht verzichten.

Zurück auf 55!

5.5.11 Sachkartei: Die Wasserversorgung

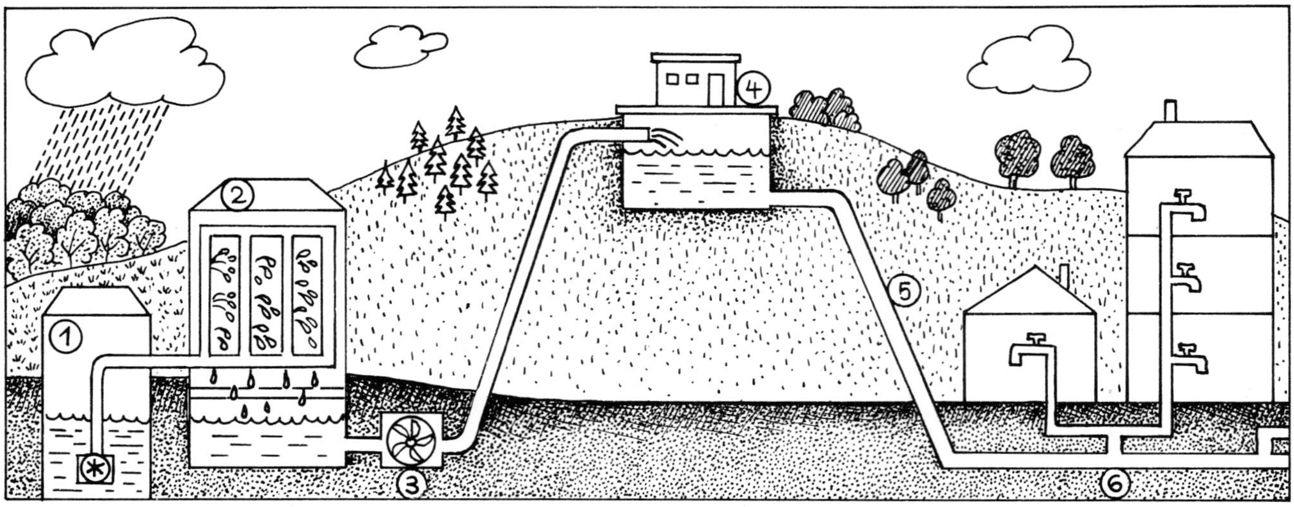

Lösung:

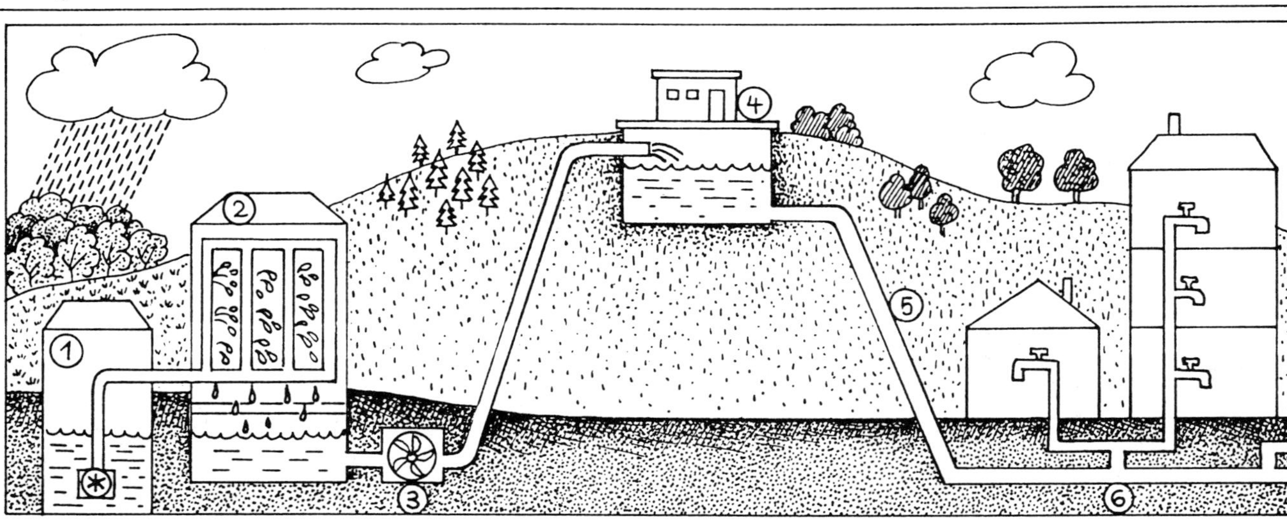

① *Tiefbrunnen mit Pumpe*

② *Wasserwerk* ③ *Pumpwerk*

④ *Hochbehälter*

⑤ *Falleitung* ⑥ *Rohrnetz*

5.5.12 Stöpselkarte: Wie hoch steht das Wasser?

Welches Bild ist richtig?

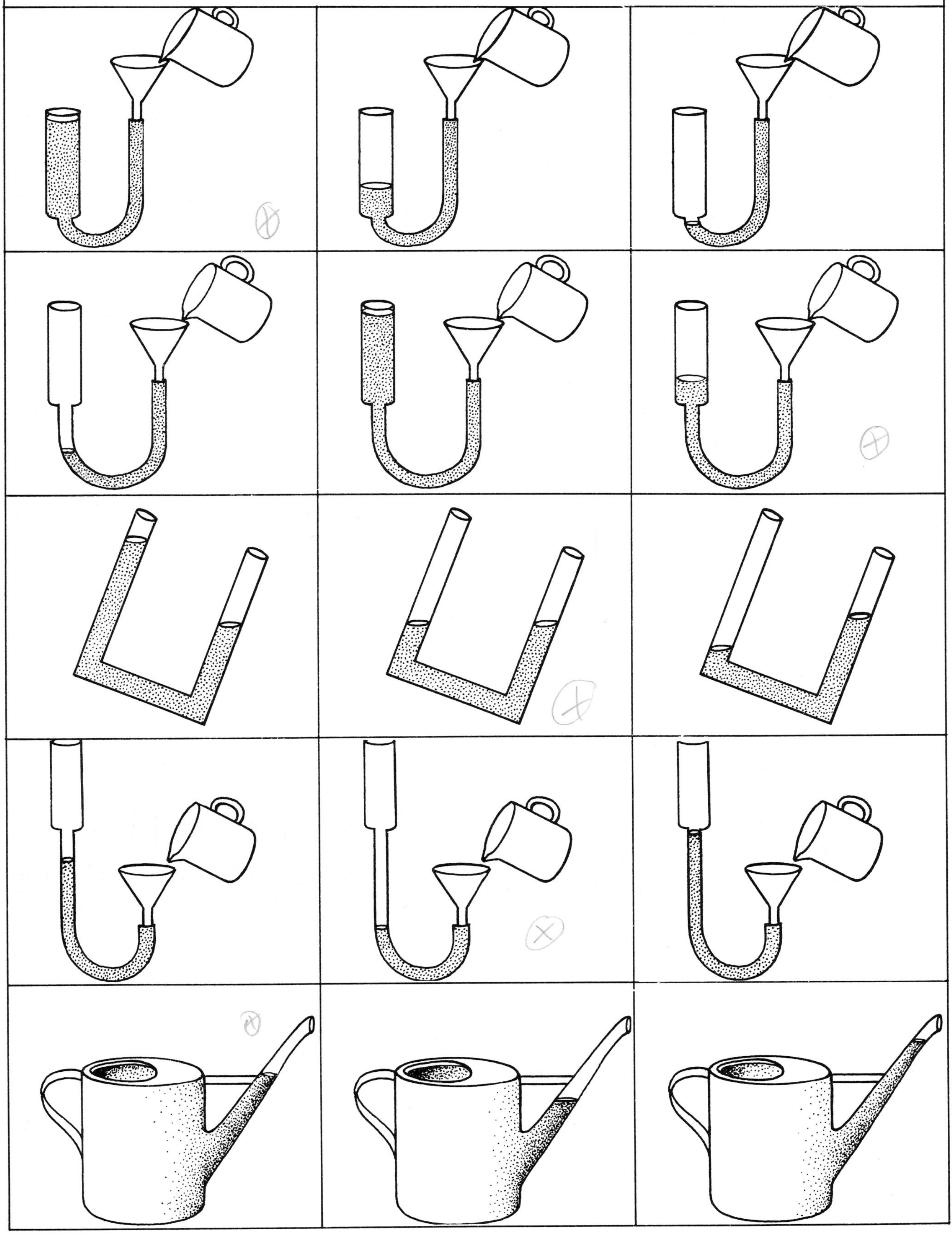

5.5.13 Arbeitsblatt: Wie gelangt das Wasser in die oberen Stockwerke?

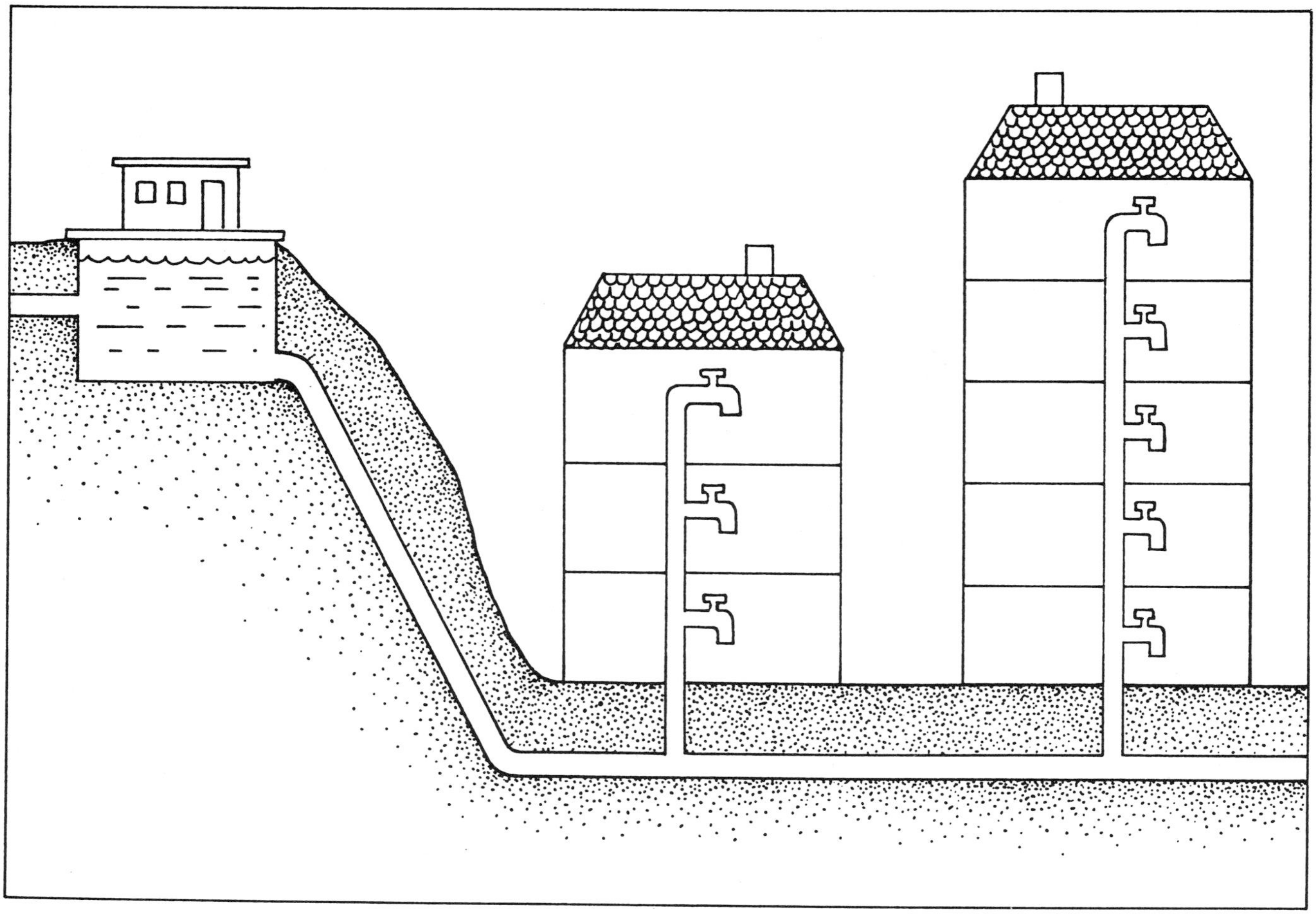

Wie gelangt das Wasser in die oberen Stockwerke?

Setze folgende Begriffe ein: Hochbehälter, Falleitung, Wasserhahn, Steigleitung.

Das Wasser fließt vom ______________________ in die ______________________ zu den einzelnen Häusern, wo wir es aus dem ______________________ entnehmen.

______________________ und ______________________ sind durch das Rohrnetz miteinander verbunden. Das Wasser kann aber in den Häusern nur so hoch steigen, wie es im ______________________ steht.

Lösungsseite:

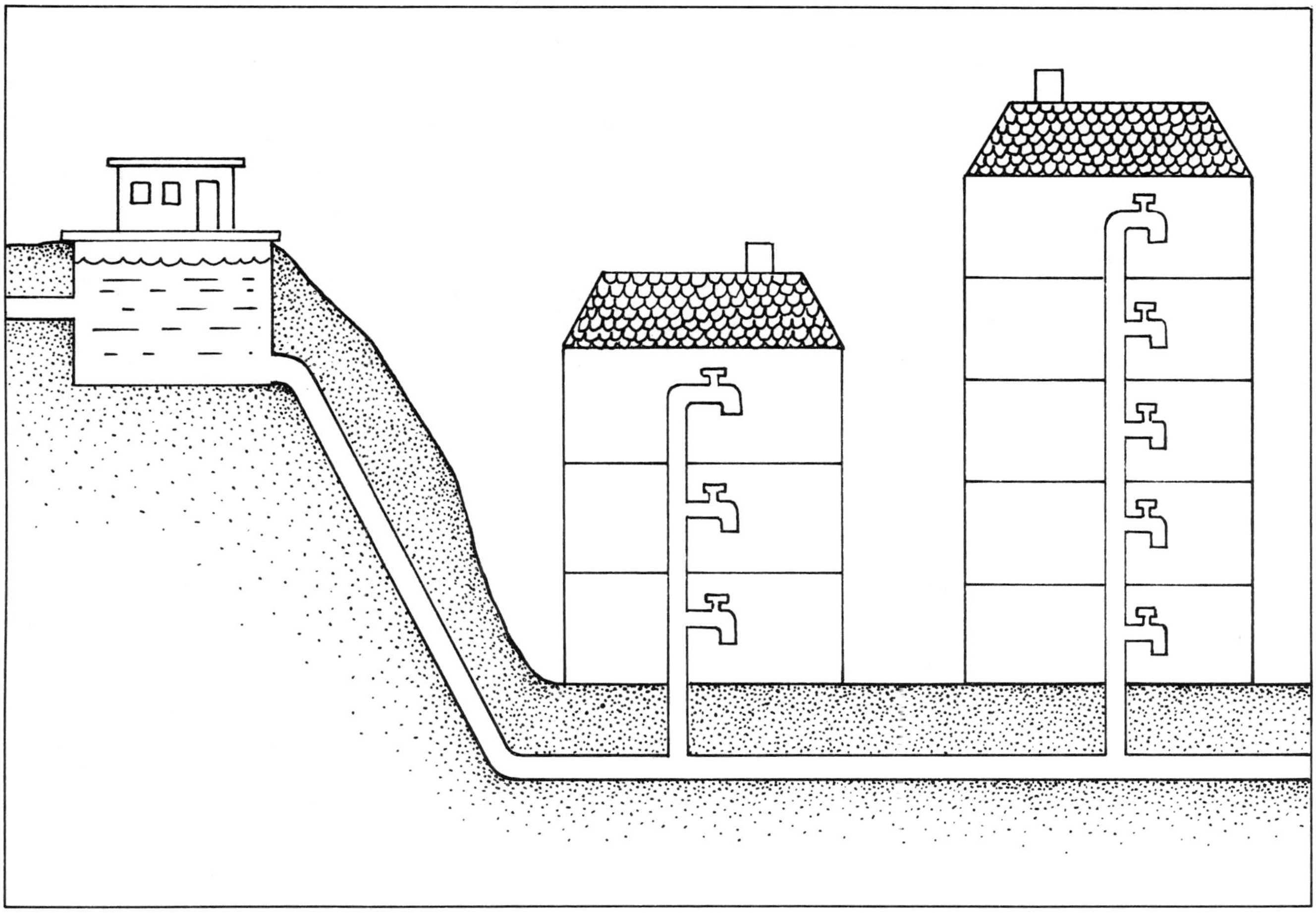

Wie gelangt das Wasser in die oberen Stockwerke?

Setze folgende Begriffe ein: Hochbehälter, Falleitung, Wasserhahn, Steigleitung.

Das Wasser fließt vom _Hochbehälter_ in die _Falleitung_ zu den einzelnen Häusern, wo wir es aus dem _Wasserhahn_ entnehmen.

Hochbehälter und _Steigleitung_ sind durch das Rohrnetz miteinander verbunden. Das Wasser kann aber in den Häusern nur so hoch steigen, wie es im _Hochbehälter_ steht.

5.6 Kind und Gesundheit

5.6.1 Würfelspiel

Ereigniskarten: Gesund leben

① Ich esse abwechslungsreich. *Vor auf 10!*	⑰ Ich wechsle meine Unter-wäsche nur selten. *Zurück auf 12!*
⑥ Ich sehe viel fern. *Zweimal aussetzen!*	⑳ Ich esse viele Süßigkeiten. *Einmal aussetzen!*
⑨ Ich treibe gerne Sport. *Noch einmal würfeln!*	㉓ Ich nehme mehrmals am Tag kleinere Mahlzeiten zu mir. *Vor auf 27!*
⑪ Ich ziehe mich der Witterung entsprechend an. *Vor auf 16!*	㉘ Ich gehe nie an die frische Luft. *Einmal aussetzen!*

(33)
Ich gehe am Morgen ohne Frühstück aus dem Haus.

Zurück auf 27!

(54)
In der Pause esse ich gesundes Brot und frisches Obst.

Vor auf 60!

(38)
Ich wasche mich täglich.

Vor auf 45!

(59)
Wenn ich Fieber habe, gehe ich zum Schwimmen.

Zurück auf 50!

(43)
Ich putze mir nie die Zähne.

Zurück auf 35!

(63)
Ich esse viel rohes Obst und Gemüse.

Noch einmal würfeln!

(48)
Ich gehe abends rechtzeitig ins Bett, so daß ich genügend Schlaf habe.

Noch einmal würfeln!

(67)
Im Winter gehe ich mit Sandalen auf die Straße.

Zurück auf 55!

5.6.2 Puzzle mit Arbeitskarte: Ich bin krank

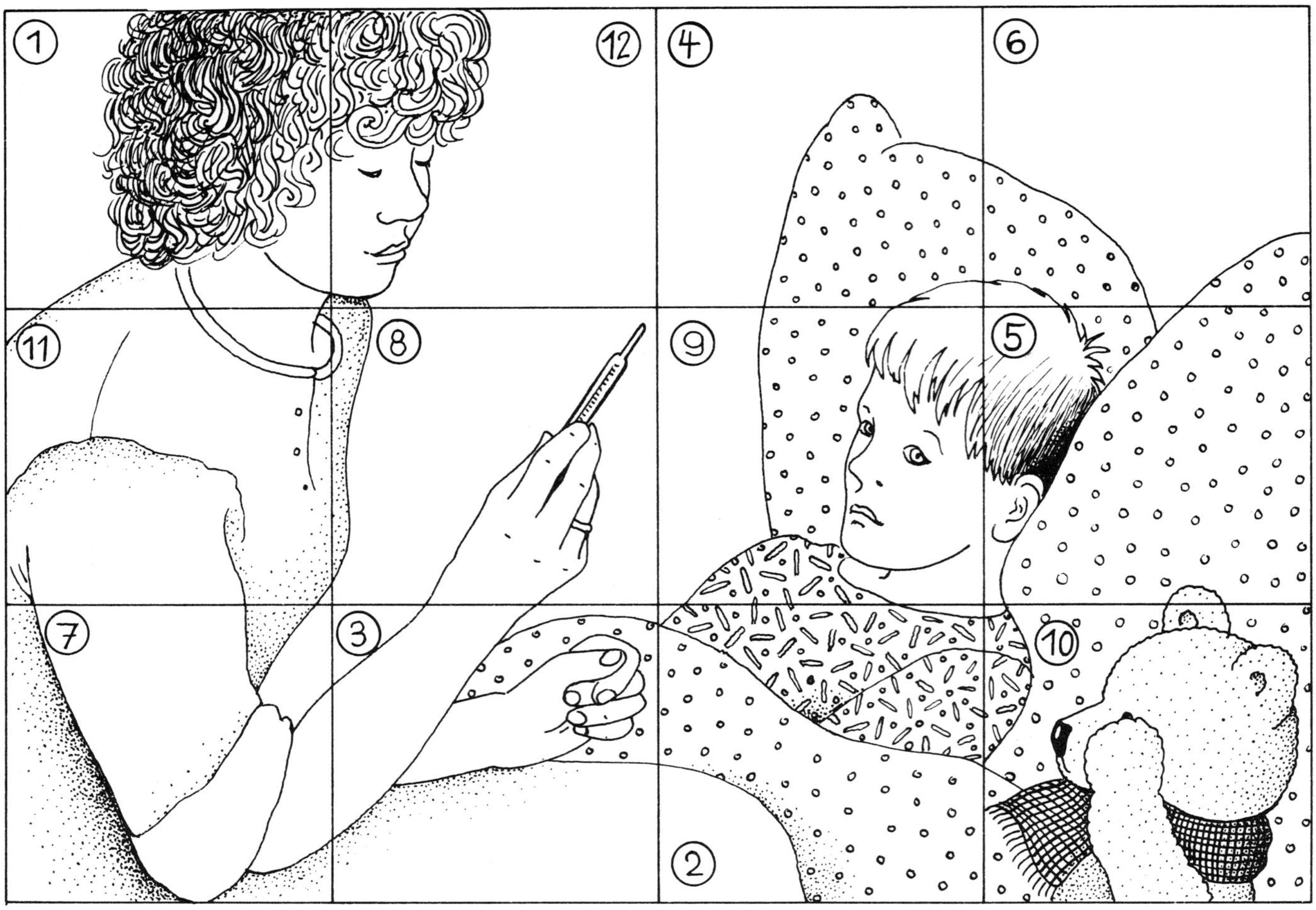

Bei vielen Krankheiten fühle ich mich unwohl. ja (1) nein (5)	Ich halte mich an die Anweisungen des Arztes. ja (12) nein (8)	Wenn ich mit Fieber im Bett liege, wechsle ich öfters den verschwitzten Schlafanzug. ja (4) nein (6)	Wenn ich krank bin, fühle ich mich stark und kräftig. ja (3) nein (6)
Bei Schnupfen benütze ich frische Taschentücher. ja (11) nein (7)	Wenn ich krank im Bett liegen muß, bin ich froh, wenn mich jemand pflegt. ja (8) nein (10)	Wenn ich krank bin, gönne ich mir keine Ruhe. ja (11) nein (9)	Wenn mich eine Krankheit plagt, gehe ich zum Arzt. ja (5) nein (7)
Wenn ich länger krank bin, freue ich mich über Besuch. ja (7) nein (9)	Bei Halsschmerzen trage ich einen Schal oder ein Halstuch. ja (3) nein (4)	Wenn ich krank bin, kann ich Schmerzen haben. ja (2) nein (4)	Wenn ich Fieber habe, muß ich viel trinken. ja (10) nein (12)

5.6.3 Lernschieber: Was sehen meine Augen?

Knicken

Knicken

Klebefalz

	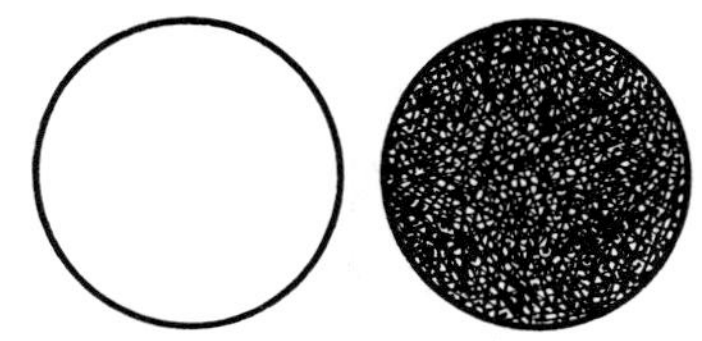
hell – dunkel	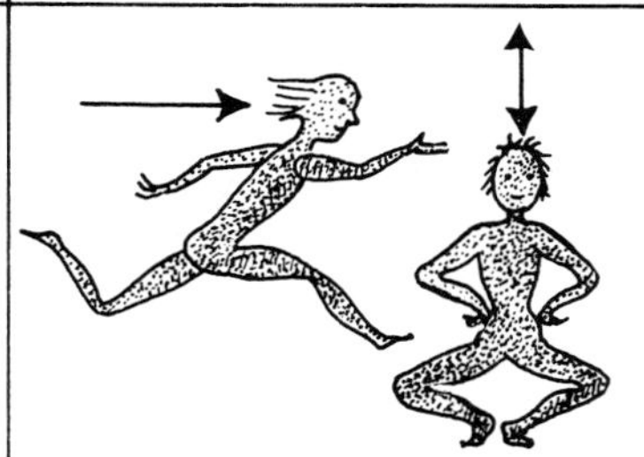
Bewegungen	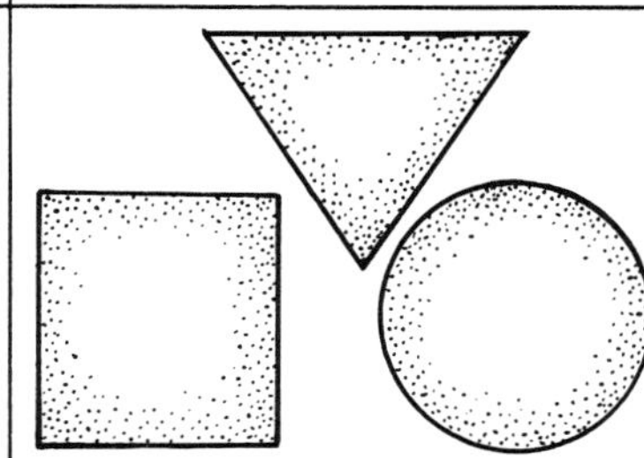
Formen	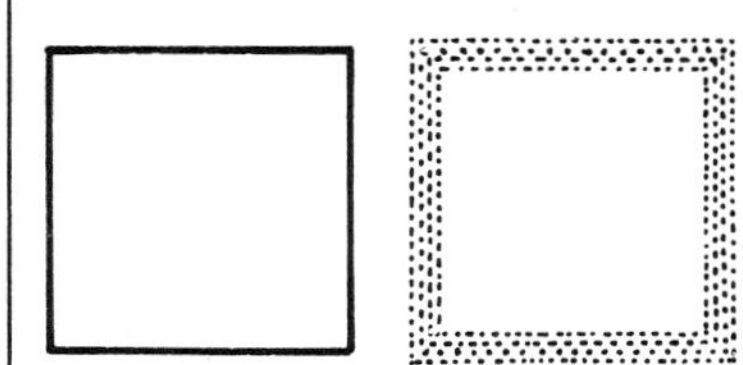
scharf – unscharf	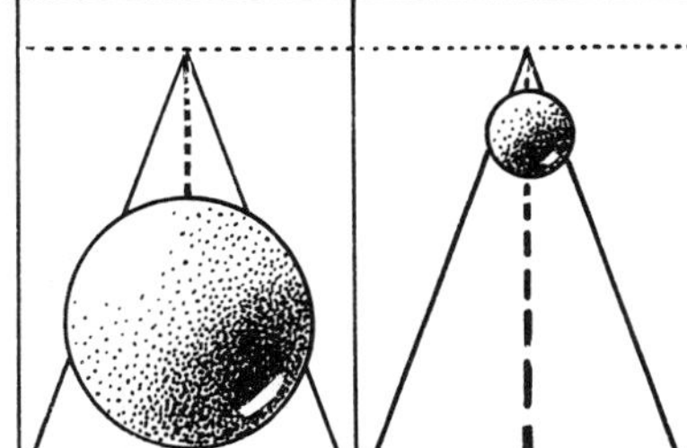
nah – fern	
Farben	

5.6.4 Sachkartei: Der Aufbau des menschlichen Auges

Benenne die Teile des Auges!

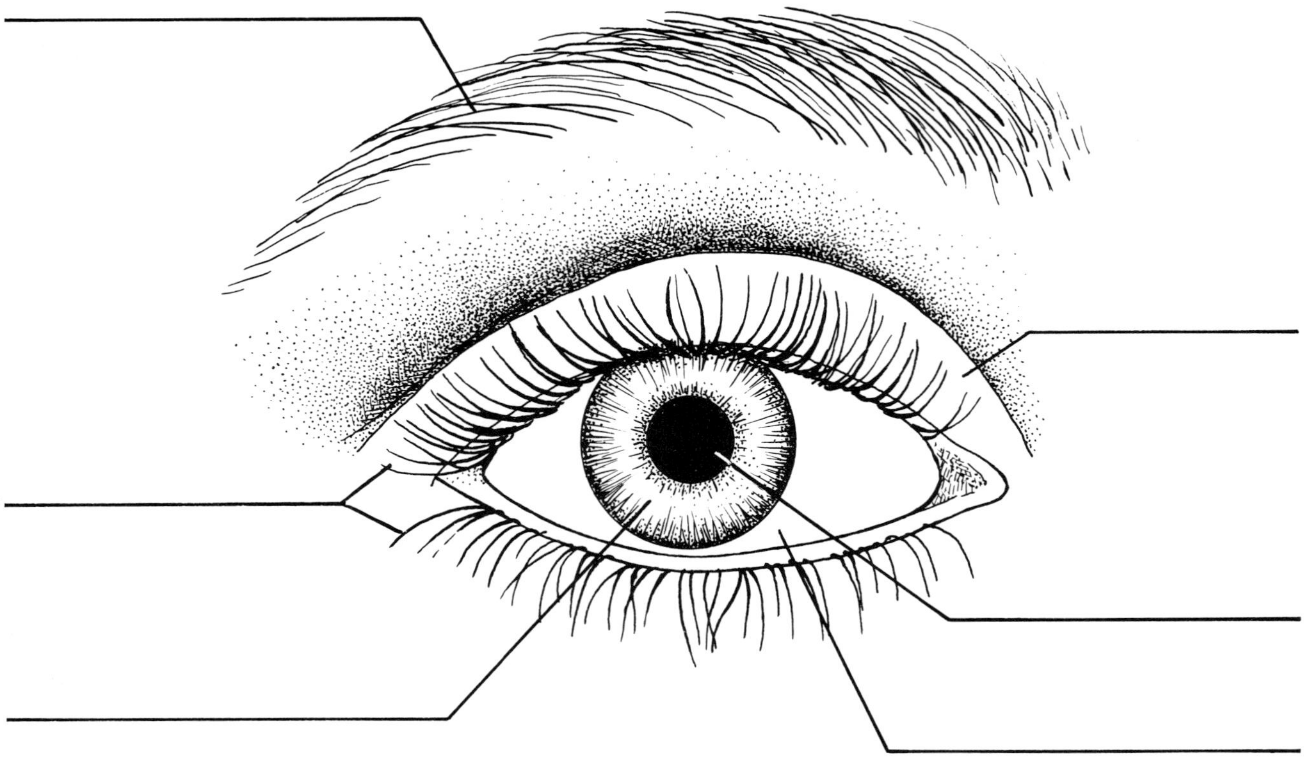

Lösung:

Benenne die Teile des Auges!

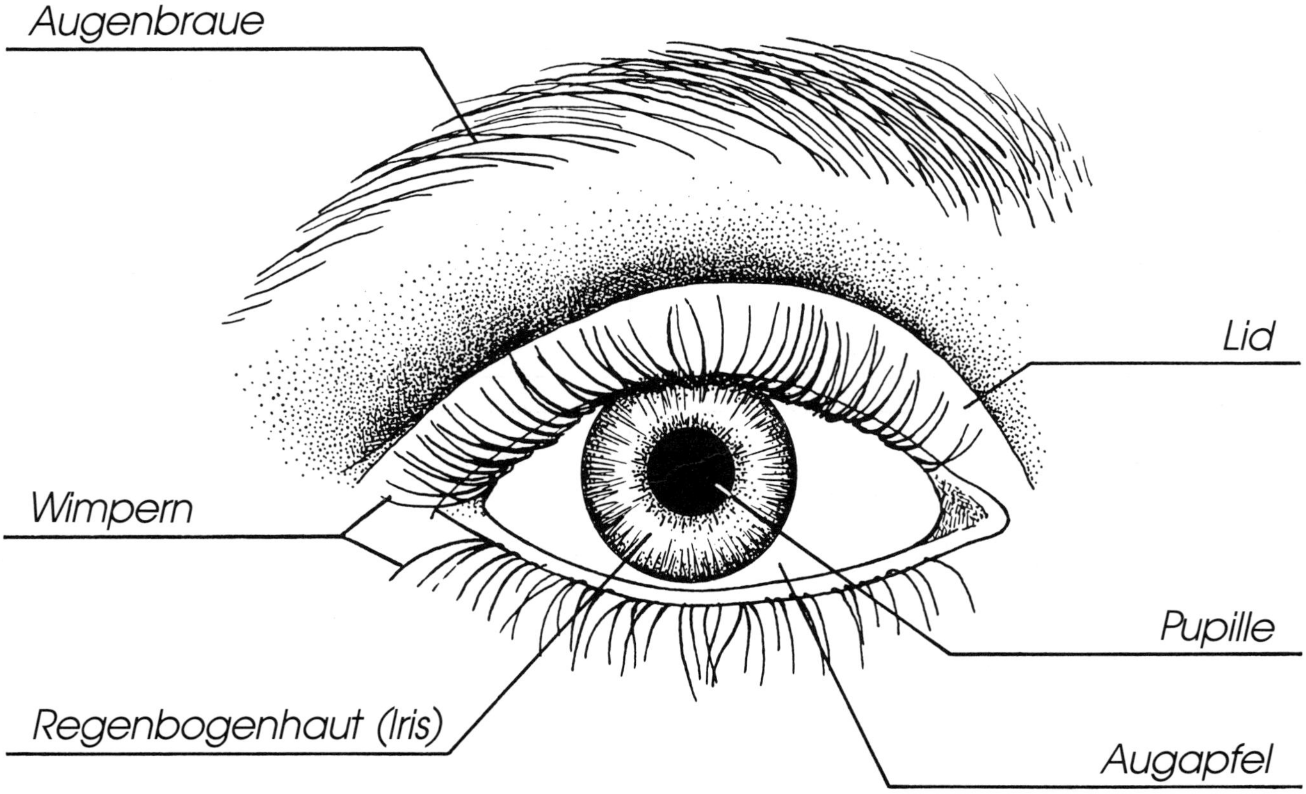

5.6.5 Domino: Die Teile des Auges und ihre Funktionen

A Anfang	Der Augapfel liegt	geschützt in der Augen-höhle.	Die Augen-brauen schützen das Auge
vor Schweiß.	Die Wimpern schützen das Auge	vor Staub.	Das Lid schließt sich automatisch,
wenn dem Auge Gefahr droht.	Die Regen-bogenhaut (Iris)	gibt dem Auge die Farbe.	Durch die Pupille (Sehloch)
können wir sehen.	Die Tränen-flüssigkeit	hält das Auge feucht.	E Ende

5.6.6 Sachkartei: Gefahren für unsere Augen

Welche Gefährdungen sind auf den Bildern dargestellt?

Lösung:

1 Lesen bei schlechtem Licht
2 In zu grelles Licht schauen
3 Zu nah und zuviel fernsehen
4 Verletzungen durch Stöße, Schläge, Reiben

5.7.1 Arbeitsblatt: Die Kirschblüte

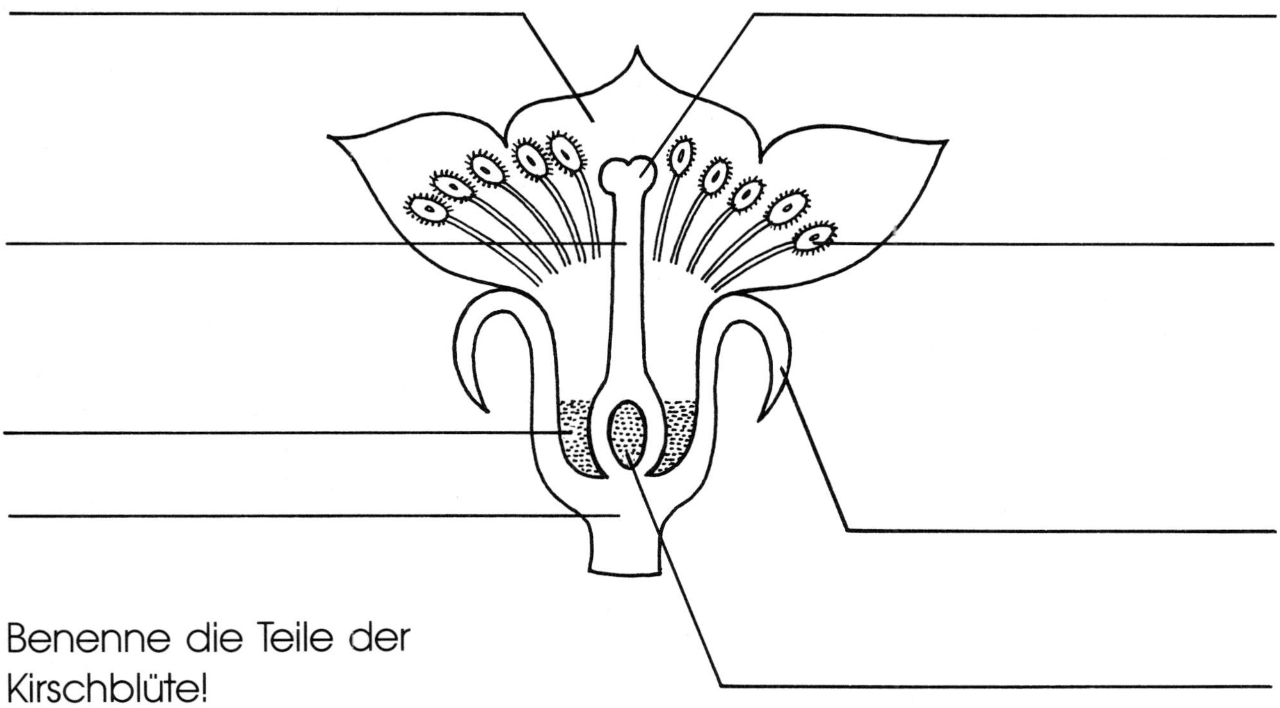

Benenne die Teile der Kirschblüte!

Die Aufgaben der verschiedenen Blütenteile:

Die ______________________ schützen die Blüte.

Die ______________________ (helle Farbe) locken die Bienen an.

Die ______________________ (gelb) tragen die Pollen.

Die ______________________ (klebrig) hält den Pollen fest.

Der ______________________ (riecht und schmeckt süß) lockt die Bienen an.

Lösung:

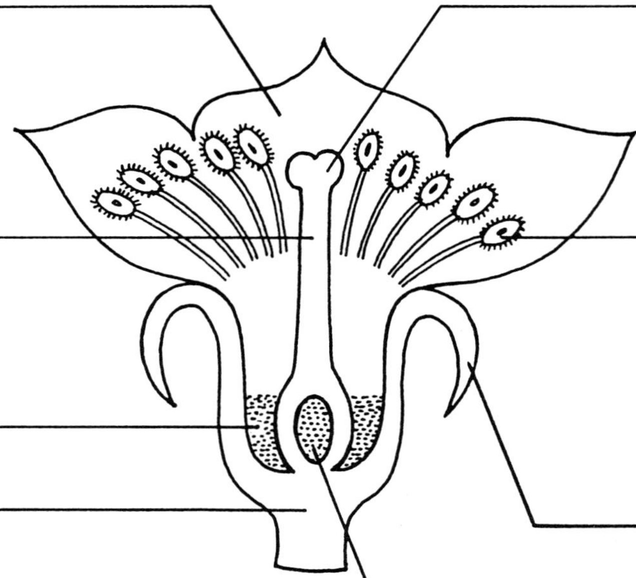

Benenne die Teile der Kirschblüte!

Die Aufgaben der verschiedenen Blütenteile:

Die *Kelchblätter* schützen die Blüte.

Die *Blütenblätter* (helle Farbe) locken die Bienen an.

Die *Staubblätter* (gelb) tragen die Pollen.

Die *Narbe* (klebrig) hält den Pollen fest.

Der *Nektar* (riecht und schmeckt süß) lockt die Bienen an.

5.7.2 Domino: Warum sind so viele Bienen an der Kirschblüte?

A Anfang	Die Blüten locken	mit Duft und Farbe die Bienen an.	Die Bienen saugen mit dem Saug-rüssel
den Nektar aus dem Blütenboden.	Die Bienen sammeln an ihren Hinter-beinen	den Pollen.	Die Bienen tragen den Pollen von einer Blüte des einen Baumes
zu einer Blüte des nächsten Baumes.	Auf der klebri-gen Narbe bleibt	der Pollen hängen.	Die Blüte
ist bestäubt.	Ein Pollenkorn kann im Stempel	zum Frucht-knoten hinunter-wachsen.	E Ende

5.7.3 Lernschieber: Wie wird aus der Blüte eine Kirsche?

Knicken
- - - - - - - - - - - -
Knicken
- - - - - - - - - - - -
Klebefalz

	Nach der Bestäubung wächst ein Pollenkorn hinab bis zum
Fruchtknoten.	Im Fruchtknoten vereinigt es sich mit der
Eizelle.	Die Blüte ist
befruchtet.	In den folgenden Wochen fallen die
Blüten-, Kelch- und Staubblätter ab.	Der Stempel
verwelkt.	Der Fruchtknoten beginnt zu wachsen und verändert
seine Farbe.	Aus dem Fruchtknoten entsteht eine rote
Kirsche.	

5.7.4 Puzzle: Die Getreidearten

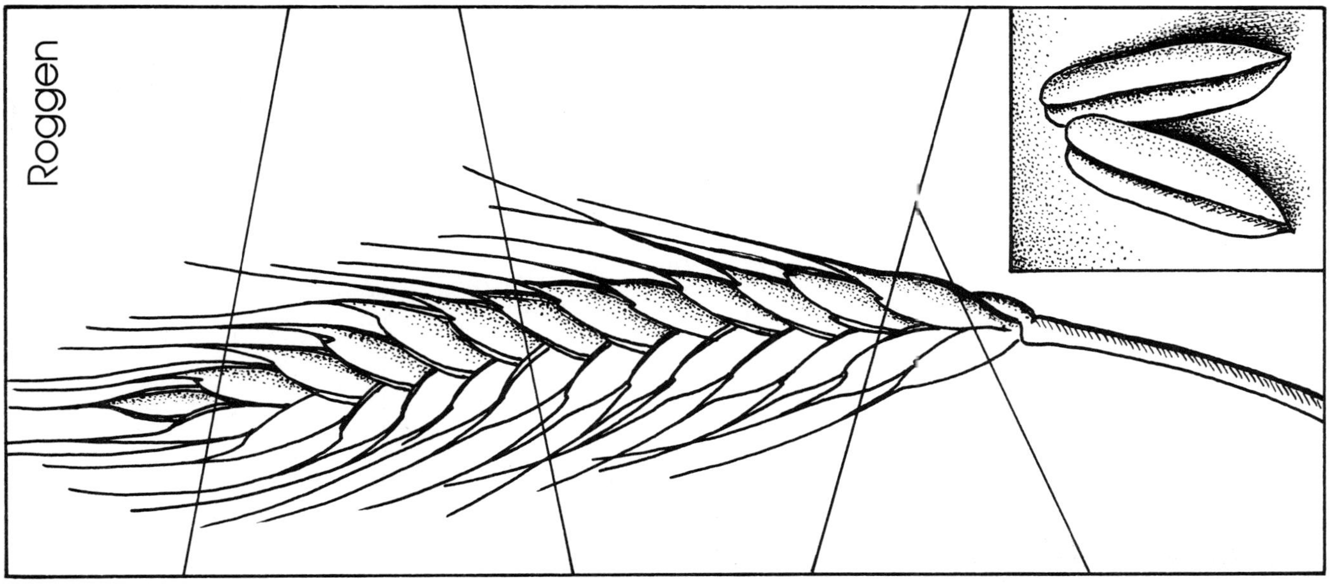

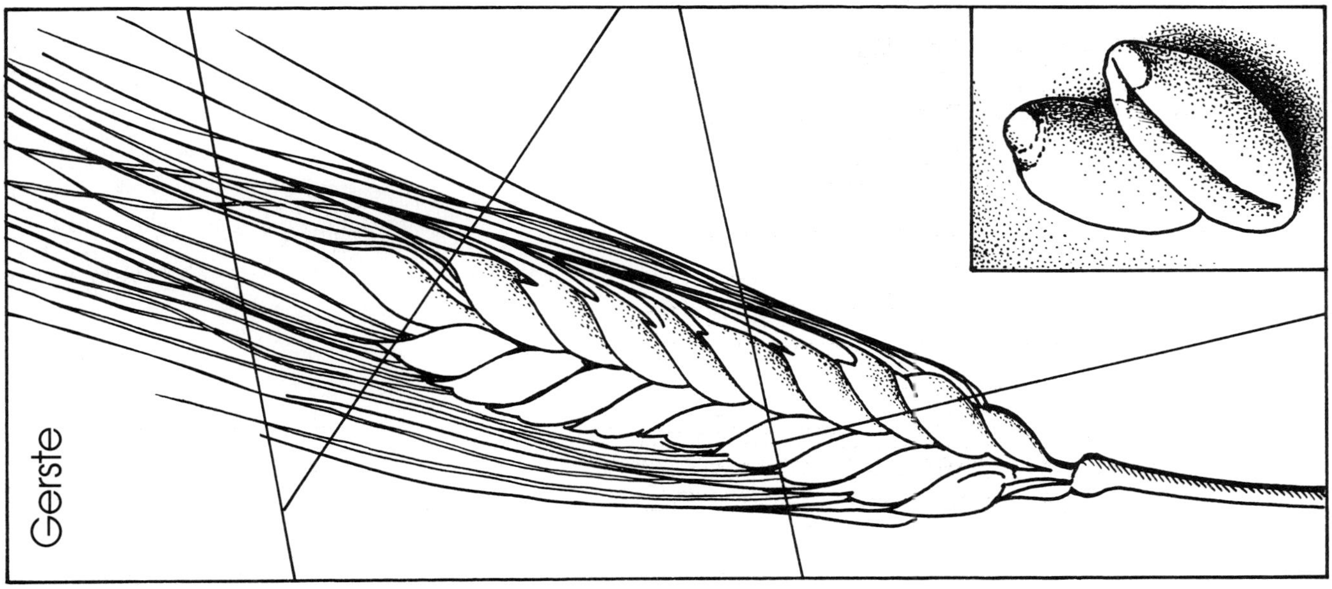

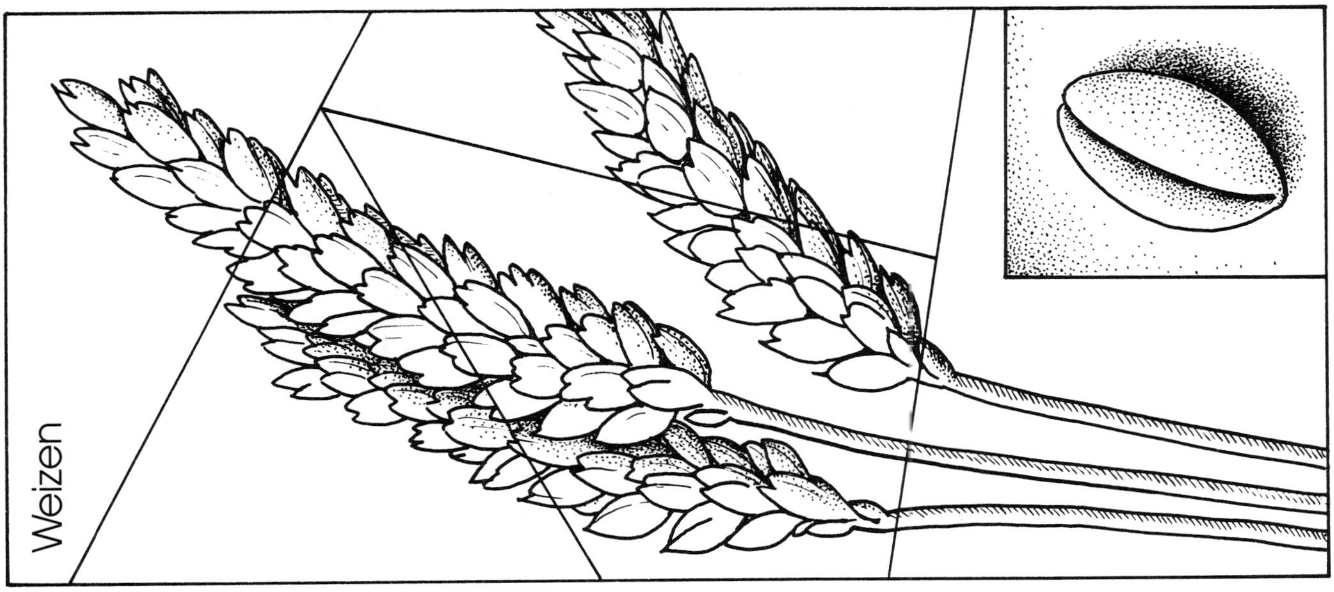

5.7.4

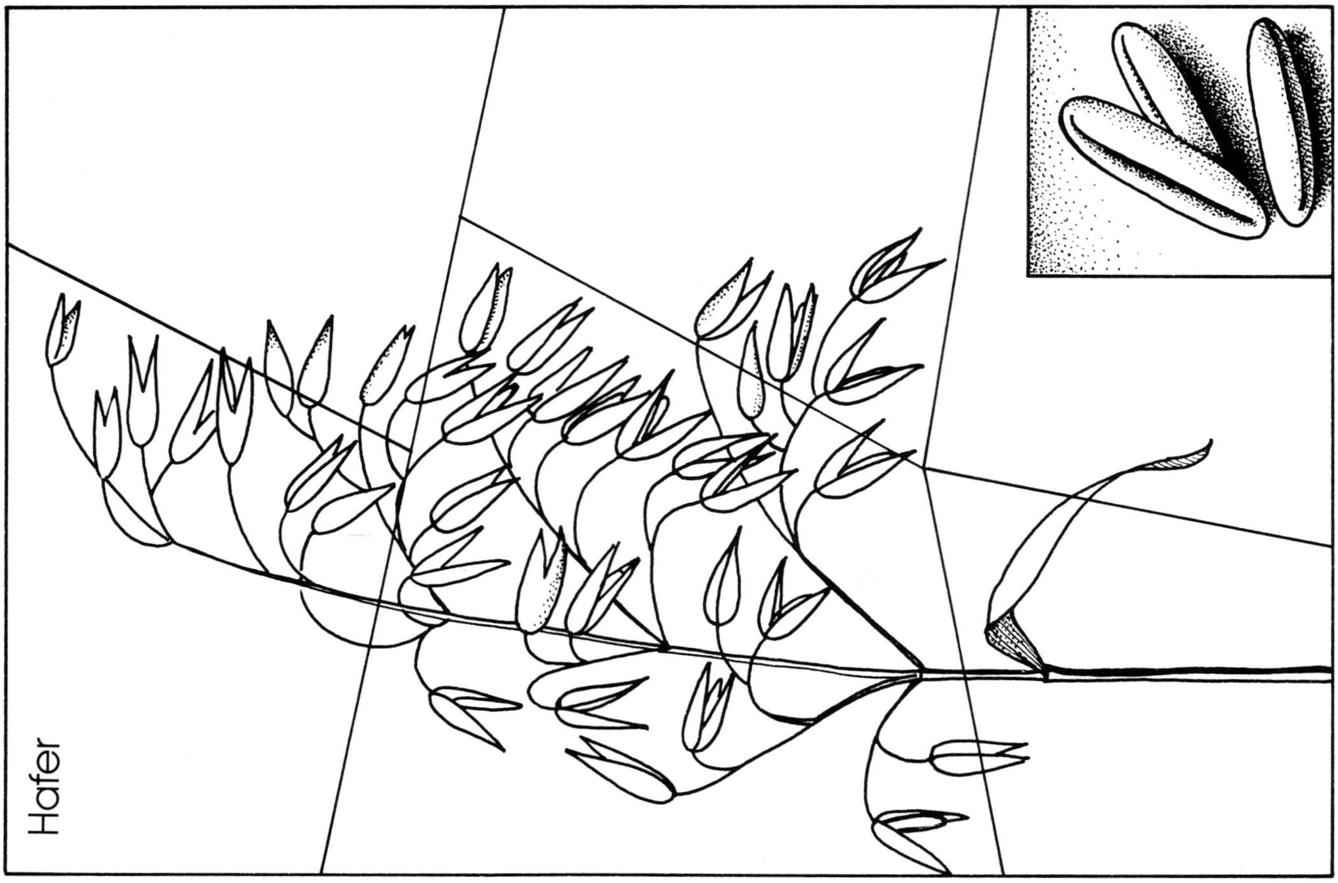

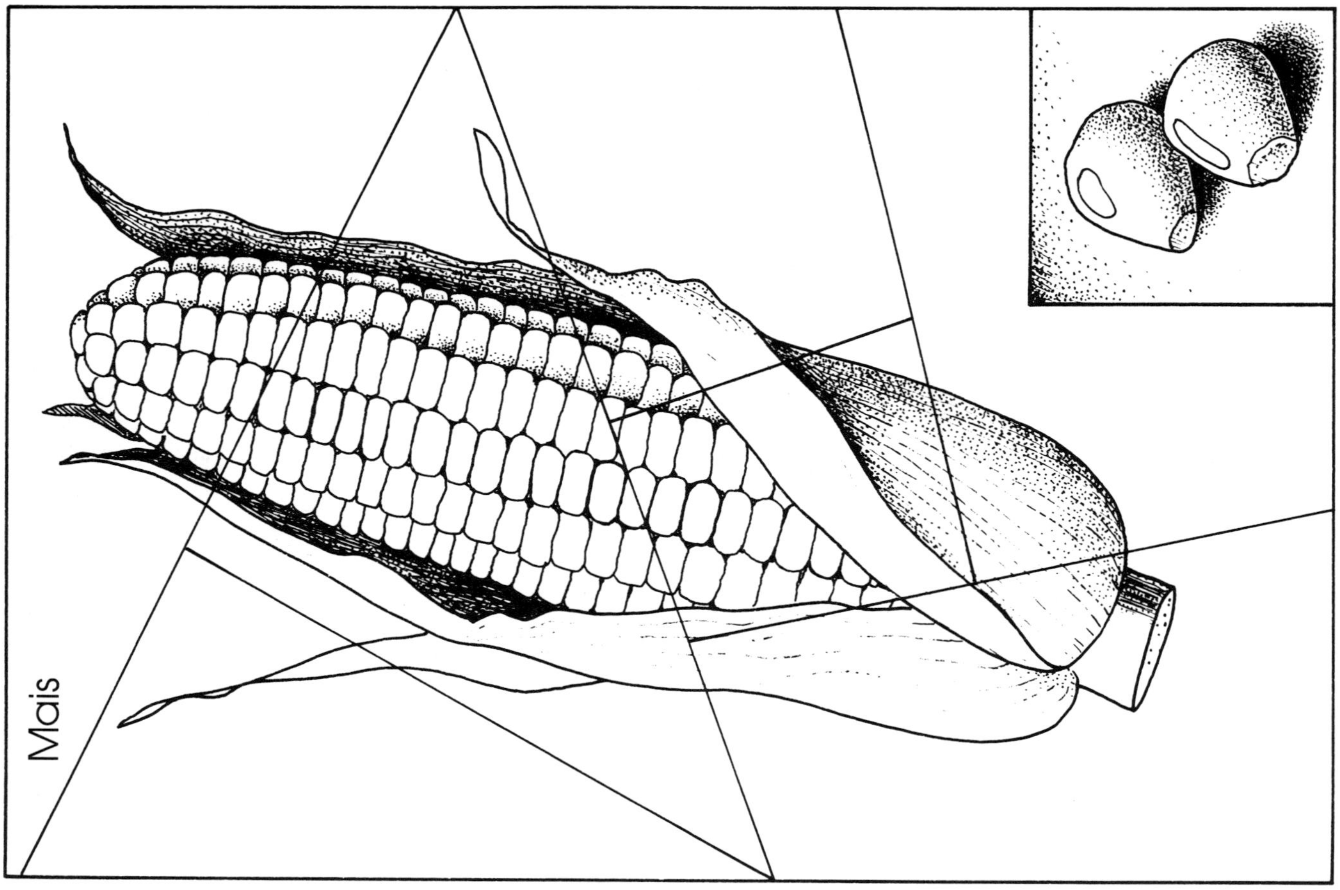

5.7.5 Stöpselkarte: Wozu verwendet man die verschiedenen Getreidearten?

	Weizen	Roggen	Gerste	Hafer	Mais
Mehl					
Haferflocken					
Öl					
Hühnerfutter					
Kuchen					
Schwarzbrot					
Schweinefutter					
Pferdefutter					
Brezen					
Malzkaffee					
Grieß					

5.7.6 **Diskussionskarten: Hunger in der Welt**

Durch Unwetter wird die Ernte zerstört.
Welche Folgen hat dies für Menschen und Tiere?

Wegen anhaltender Trockenheit verdorren die Pflanzen auf den Feldern.
Mit welchen Folgen ist zu rechnen?

In Notzeiten (Krieg) müssen Menschen oft hungern.
Sprich mit deinen Großeltern darüber!

In der Dritten Welt sterben täglich viele Kinder an Hunger.
Kannst du dir vorstellen, warum?

In unserer Welt gibt es viele Hungergebiete.
Sammle Informationsmaterial (Zeitungsausschnitte Bilder etc.) darüber!

Gibt es auch bei uns Menschen, die Hunger leiden?
Erkundige dich!

Täglich landen Pausenbrote und andere Nahrungsmittel in den Mülltonnen.
Findest du das richtig?

In vielen Ländern leben sehr viele Menschen auf engstem Raum.
Was hat das mit Hungersnöten zu tun?

5.7.7 Stöpselkarte: Welche Bohne wächst am schnellsten?

Welche Bohne wächst am schnellsten?		
Der Samen wird in steinigen Boden eingesät.	Der Samen wird in Papier eingesät.	Der Samen wird in lockere Erde eingesät.
Der Keimling steht im kühlen Keller.	Der Keimling steht im warmen Zimmer.	Der Keimling steht direkt neben dem heißen Ofen.
Die Erde mit dem Samenkorn wird feucht gehalten.	Die Erde mit dem Samenkorn wird sehr trocken gehalten.	Die Erde mit dem Samenkorn muß ständig sehr naß sein.
Die keimende Pflanze steht auf dem hellen Fensterbrett.	Die keimende Pflanze steht im dunklen Flur.	Die keimende Pflanze steht im geschlossenen Schrank.
Die Pflanze steht im Kühlschrank.	Die Pflanze steht auf der Fensterbank.	Die Pflanze steht im Heizungsraum.

5.7.8 Domino: Heimische Vögel

A

Anfang

Eisvogel

Grünfink

Dompfaff

Blaumeise

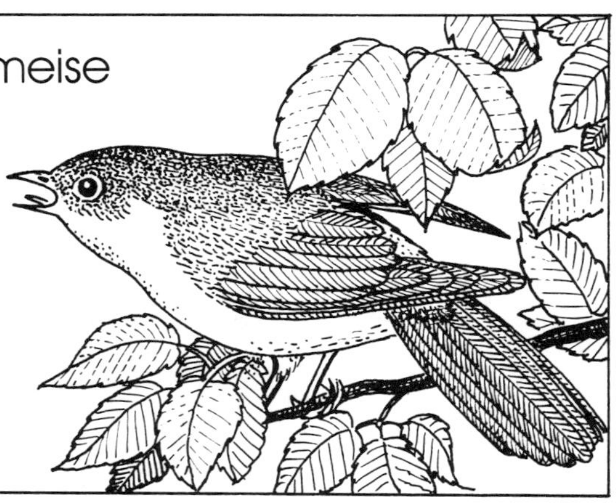

Nachtigall

Eichelhäher

Rauchschwalbe

E

Ende

5.7.9 Arbeitsblatt: Die Amsel

Was weißt du über die Amsel?

Schnabel: ______________________________

____

Körpergröße: ______________________________

Schwanz: ______________________________

Federkleid: ______________________________

____

Nahrung: ______________________________

____

Lösung

Was weißt du über die Amsel?

Schnabel: *Männchen – länglich, spitz, gelb*

Weibchen – länglich, spitz, braun

Körpergröße: *ca. 20–25 cm*

Schwanz: *mittellang, abgerundet*

Federkleid: *Männchen – schwarz-blau*

Weibchen – braun

Nahrung: *Würmer, Obst, Beeren, Insekten*

5.7.10 Kassettenrecorder mit Arbeitsblatt: Die Amsel

Fragen:

1. Wo baut die Amsel ihr Nest?
2. Wie wird sie deshalb genannt?
3. Welches Material benutzt die Amsel zum Nestbau?
4. Wann baut die Amsel ihr Nest?
5. Wie lange braucht sie dazu?

6. Wie viele Eier legt die Amsel?

7. Wer brütet die Jungen aus?
8. Wann schlüpfen die Jungen?

9. Wie lange bleiben die Jungen im Nest?
10. Was machen die Vogeleltern mit ihren Jungen im Nest?

11. Wann können die Jungen ihre ersten Flugversuche starten?

Lösung:

Bild 1:
1. Versteckt im Gebüsch, auf einem Baum
2. Buschbrüter
3. Heu, Zweige, Halme, Blätter, Erde, Gras
4. Mitte bis Ende April
5. 2–8 Tage

Bild 2:
6. 4–6 Eier

Bild 3:
7. Das Amselweibchen
8. Nach ca. 2 Wochen

Bild 4:
9. Bis sie Federn haben
10. Wärmen, füttern, sauber halten, beschützen

Bild 5:
11. Ca. 2 Wochen, nachdem sie Federn haben

5.7.11 Lernschieber:
Welche Gefahren drohen der Amsel?

Knicken

Knicken

Klebefalz

Marder	
Spritzmittel	
Katze	
Unwetter	
Raubvögel	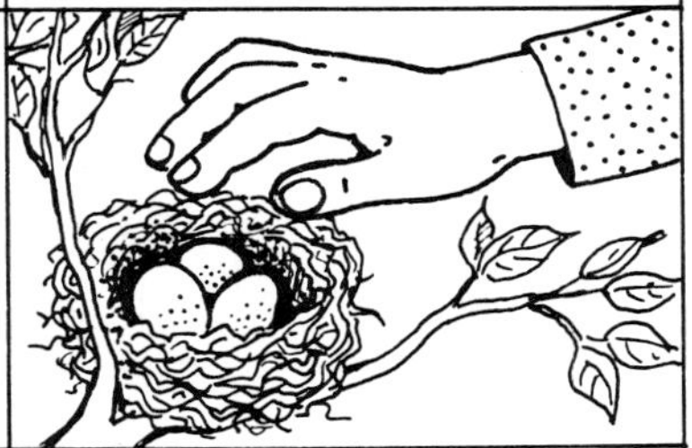
Menschen	
Iltis	

5.7.12 Domino: Wie können wir unsere Vögel schützen?

A

Anfang

Katzen-
sichere
Nistkästen
anbringen

Naturschutz-
gebiete
einrichten

Kein
Gift sprühen

Futterhäuschen
aufstellen.

Bäume und
Sträucher als
Nistplätze
stehen-
lassen.

Nicht mit
Brot und
Wasser
füttern.

Hohle Bäume und
altes Gemäuer
den Vögeln
als Unterschlupf
lassen.

E

Ende

5.8 Vielfältiges Leben in und an Gewässern

5.8.1 Memory: Pflanzen am Wasser

5.8.1

Weide	Binse	Wasservergiß-meinnicht
Hornblatt	Wasserlinsen	Teichrose
Wasserhahnenfuß	Rohrkolben	Segge
Schilfrohr	Wasserlilie	Sumpfdotterblume

5.8.2 Memory: Tiere am Wasser

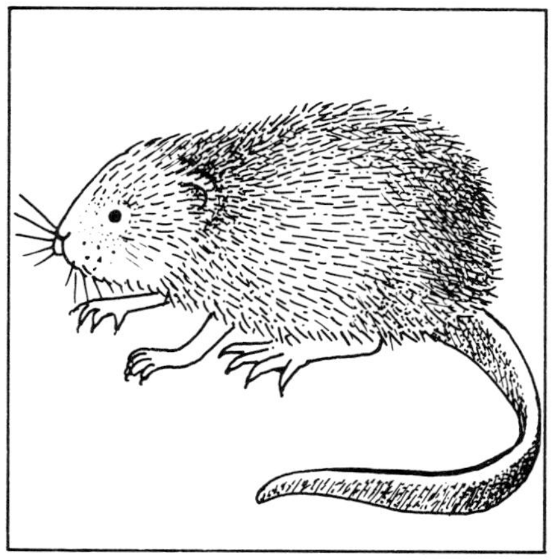

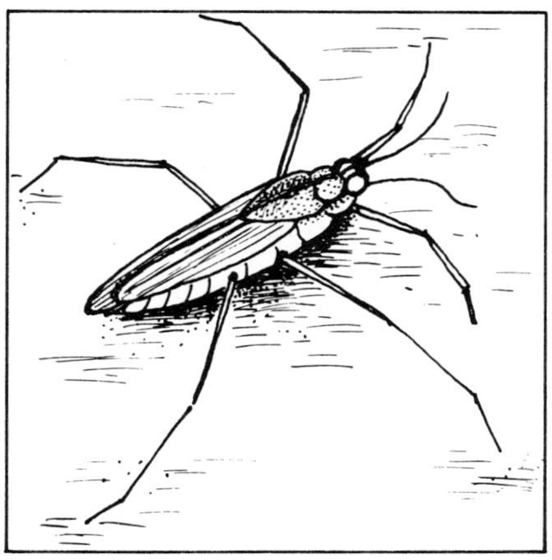
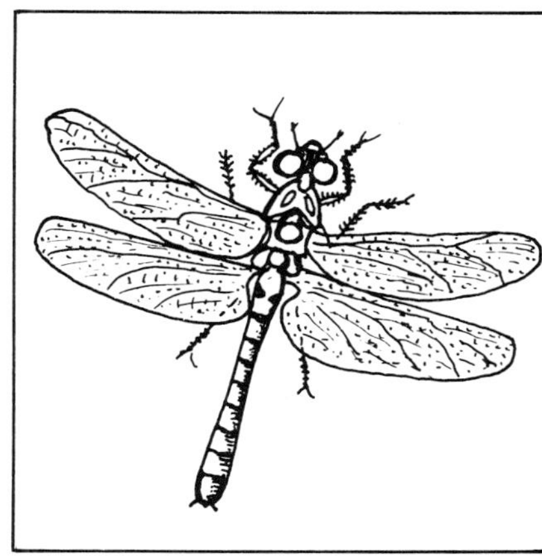
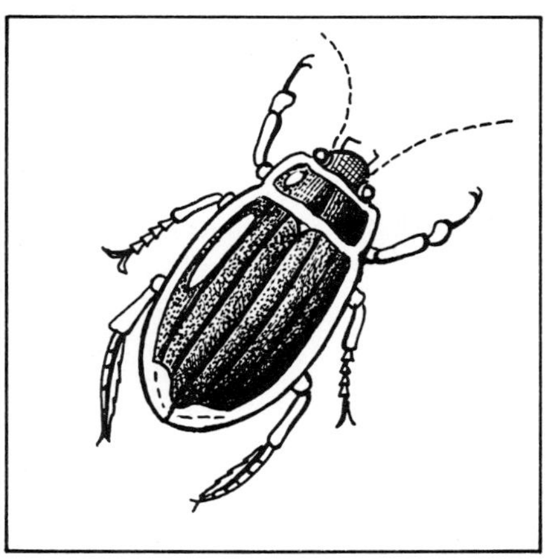

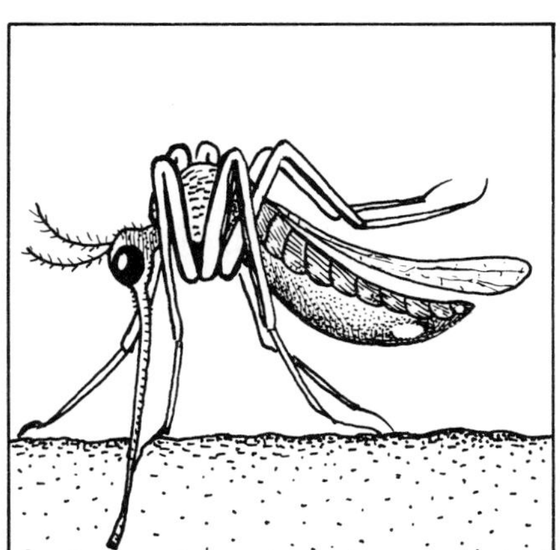

5.8.2

Teichrohrsänger	Bisamratte	Fische
Ente	Wasserläufer	Libelle
Gelbrandkäfer	Frosch	Krebs
Muschel	Stechmücke	Molch

5.8.3 Sachkartei: Der Körperbau der Ente

Der Körperbau der Ente
Beschrifte!

Lösung:

Der Körperbau der Ente
Beschrifte!

5.8.4 Stöpselkarte: Die Ente

Nur eine Antwort ist richtig.			
Wo hält sich die Ente am liebsten auf?	im Wald	im Wasser, umgeben von Schilf	im Aquarium
Wie nennt man das Männchen?	Artel	Empel	Erpel
Welche Farbe hat das Federkleid des Weibchens?	bunt	blau	braun
Wann können die Entenküken schwimmen?	nach 1 Monat	nach 6 Tagen	sobald sie das Nest verlassen
Woran erinnern Entenfüße?	Schuhe	Schwimmflossen	Surfbretter
Die Ente fettet ihr Deckgefieder ein. Woher nimmt sie das Fett?	von der Bürzeldrüse	von der Leber	von der Niere
Welche Farbe hat das Federkleid des Männchens?	rot	farbenprächtig	grau
Für die Nahrungssuche im Schlamm gibt es einen besonderen Begriff.	Pflücken	Schwimmen	Gründeln
Zu welcher Gruppe gehören die Enten?	Pflanzenfresser	Allesfresser	Fleischfresser
Was hilft der Ente, daß sie im Wasser nicht untergeht?	Federn	Luftsäcke	Schwimmfüße
Wo brütet die Ente?	im Schilf	im Wasser	im Wald
Zu welcher Tierart zählt die Ente?	zu den Fischen	zu den Vögeln	zu den Kriechtieren

5.8.5 Sachkartei: Wie ist die Ente dem Leben im Wasser angepaßt?

Warum geht die Ente im Wasser nicht unter?	Warum kann sich die Ente im Wasser gut fortbewegen?
Die Ente geht nicht unter, weil sie Luftsäcke besitzt, die von der Lunge versorgt werden.	Die Ente hat einen kahnförmigen Körper und Schwimmhäute an den Füßen.
Warum kann sich die Ente auch im eiskalten Wasser aufhalten?	Wie nennt man das Entenmännchen?
Die Ente besitzt ein dichtes Federkleid (Gefieder) und ein starkes Fettpolster unter der Haut.	Das Entenmännchen nennt man Erpel.

Wie sieht das Federkleid des Entenmännchens aus?

Wie sieht das Federkleid des Entenweibchens aus?

Das Federkleid des Entenmännchens ist bunt.

Das Federkleid des Entenweibchens ist braungrau (Tarnfarbe zum Brüten).

Wovon ernährt sich die Ente?

Die Ente hat eine besondere Art, ihre Nahrung aufzunehmen. Wie nennt man diese?

Die Ente ernährt sich von Pflanzen und Tieren. Sie ist ein Allesfresser.

Die Nahrungsaufnahme der Ente nennt man Gründeln.

5.8.6 Sachkartei: Der Karpfen

Der Karpfen
Beschrifte!

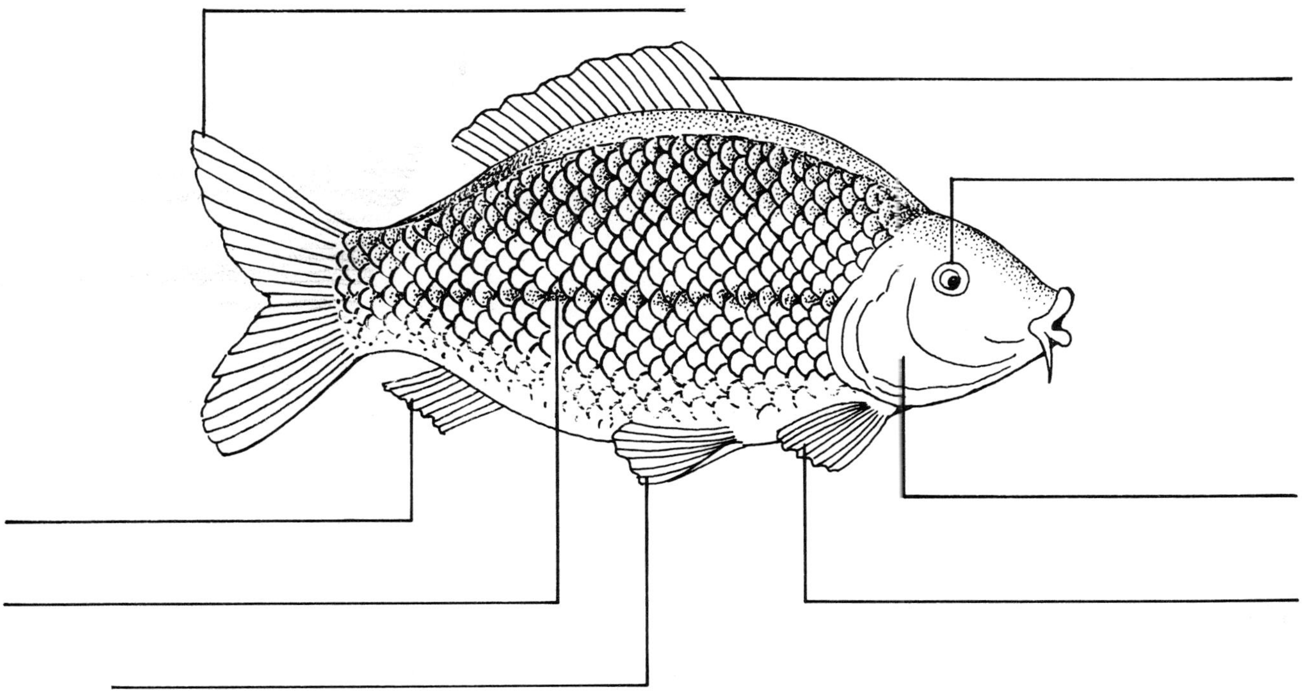

Lösung:

Der Karpfen
Beschrifte!

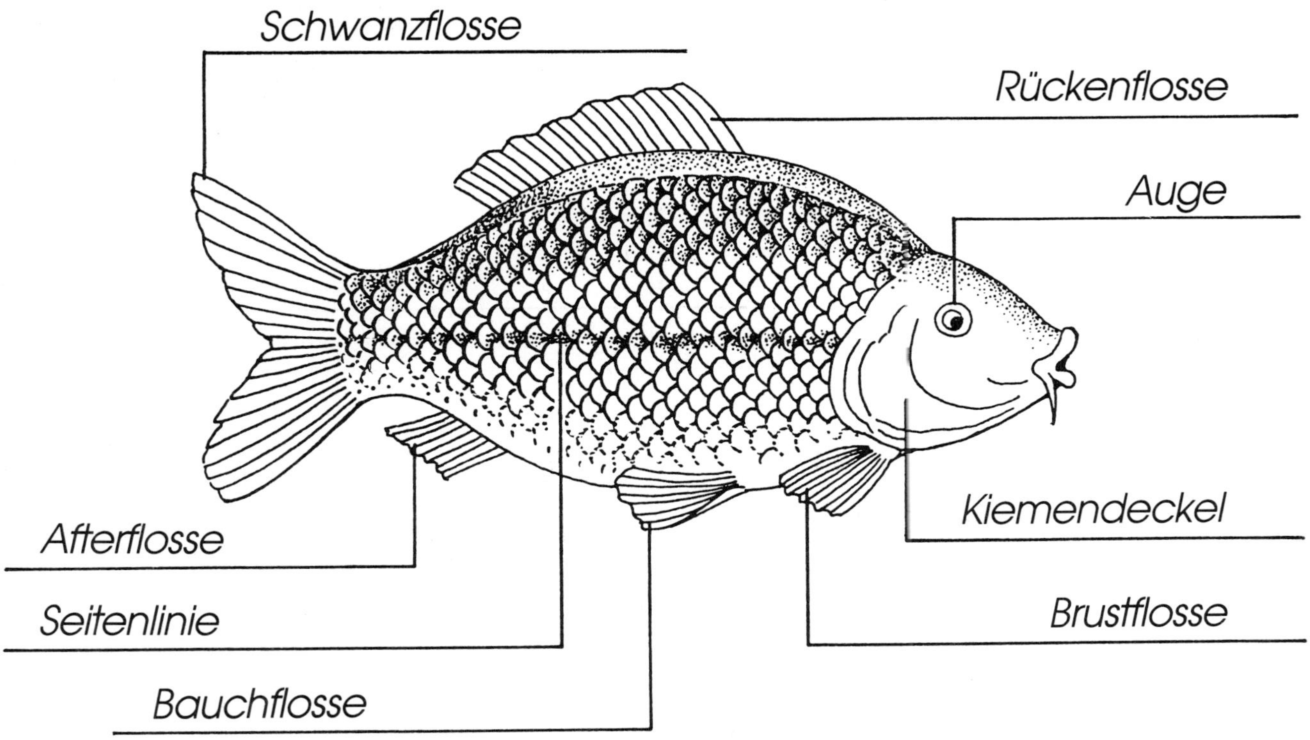

5.9 Die Verbrennung

5.9.1 Stöpselkarte: Was brennt?

Was brennt? Ordne zu!	sehr leicht brennbar	bei starker Flamme	schmilzt	nicht brennbar
Heu				
Briketts				
Metall				
Gummi				
Steine				
Papier				
Gas				
Kohle				
Glas				
Spiritus				
Öl				
Sand				
Karton				
trockenes Holz				
Stoff				
Blei				

Versuch 1

Stülpe ein Glas über eine brennende Kerze.

Versuch 2

Nimm drei verschieden große Gläser und stülpe sie jeweils über eine brennende Kerze.

Führe die oben beschriebenen Versuche durch. Beantworte dann folgende Fragen:

Versuch 1

1. Was geschieht?

____

2. Begründe!

____

Versuch 2

1. Beobachte, wie lange die Kerzen brennen!
2. Begründe!

____

____

____

Lösung

Versuch 1

Stülpe ein Glas über eine brennende Kerze.

Versuch 2

Nimm drei verschieden große Gläser und stülpe sie jeweils über eine brennende Kerze.

Führe die oben beschriebenen Versuche durch. Beantworte dann folgende Fragen:

Versuch 1

1. Was geschieht?

   Die Flammme erlischt.

2. Begründe!

   Die Flamme erlischt, weil sie keine Luft bekommt.

Versuch 2

1. Beobachte, wie lange die Kerzen brennen!
2. Begründe!

   Die Kerze im kleinsten Glas erlischt als erste, weil sie am wenigsten Luft hat. Die Kerze im größten Glas brennt am längsten, weil sie am meisten Luft hat.

5.9.3 Kreuzworträtsel: Umgang mit Feuer

Was entsteht, wenn man im Wald eine brennende Zigarette wegwirft?

Wie geht man mit offenem Feuer um?

Womit kannst du einen kleinen Brand selbst löschen?

Unter welcher Nummer kannst du die Feuerwehr erreichen?

Das Lagern von feuchtem Heu verursacht auf Bauernhöfen immer wieder

Was bleibt beim Grillen übrig, wenn die Flamme erloschen ist?

Wen benachrichtigt man bei einem Brand?

In der Schule bricht ein kleines Feuer aus. Der Hausmeister benutzt zum Löschen den

Womit kannst du kleinere Flammen im Freien ersticken?

Beim Spielen mit Feuer droht

Der Weihnachtsbaum mit echten Kerzen steht zu nah an der Gardine. Es kommt zu einem

Was entsteht, wenn man im Wald eine brennende Zigarette wegwirft?	WALDBRAND
Wie geht man mit offenem Feuer um?	VORSICHTIG
Womit kannst du einen kleinen Brand selbst löschen?	WASSER
Unter welcher Nummer kannst du die Feuerwehr erreichen?	NUMMER 112
Das Lagern von feuchtem Heu verursacht auf Bauernhöfen immer wieder	HEUBRAENDE
Was bleibt beim Grillen übrig, wenn die Flamme erloschen ist?	GLUT
Wen benachrichtigt man bei einem Brand?	FEUERWEHR
In der Schule bricht ein kleines Feuer aus. Der Hausmeister benutzt zum Löschen den	FEUERLÖSCHER
Womit kannst du kleinere Flammen im Freien ersticken?	SAND
Beim Spielen mit Feuer droht	BRANDGEFAHR
Der Weihnachtsbaum mit echten Kerzen steht zu nah an der Gardine. Es kommt zu einem	ZIMMERBRAND

5.10 Der Stromkreis

5.10.1 Stöpselkarten: Eigenschaften des elektrischen Stromes

Der elektrische Strom erzeugt	Licht	Wärme	Bewe-gung
Nachttischlampe			
Heizlüfter			
Computer			
Getreidemühle			
Waschmaschine			
Herd			
Ferngesteuertes Auto			
Ampelanlage			
Tauchsieder			
Roboter			
Fernsehgerät			

Stöpsle richtig!	Leiter	Nicht-leiter
Eisen		
Wolle		
Papier		
Stahl		
Wasser		
Glas		
Gummi		
Kupfer		
Plastik		
Holz		
Leder		

5.10.2 Domino: Der Weg des elektrischen Stromes vom Erzeuger zum Verbraucher

A

Anfang

Der Strom wird im Elektrizitätswerk erzeugt.

Vom Elektrizitätswerk führen Überlandleitungen den Strom über weite Entfernungen.

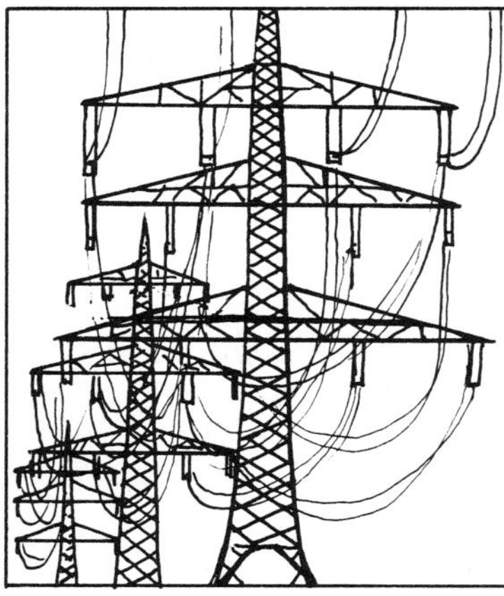

Im Transformatorhaus wird Starkstrom in Normalstrom umgewandelt.

Der Normalstrom wird über Strommasten zu den Häusern geleitet.

Der Strom gelangt über den Dachständer zum Haus.

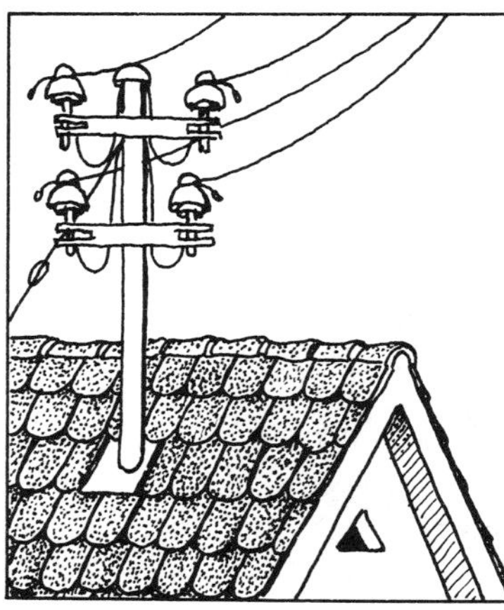

Vom Dachständer aus fließt der Strom zum Zähler.

Der Zähler zeigt den Stromverbrauch jeden Hauses an.

Vom Zähler gelangt der Strom zum Sicherungskasten.

Im Sicherungs-
kasten befindet
sich der Fehler-
stromschalter.

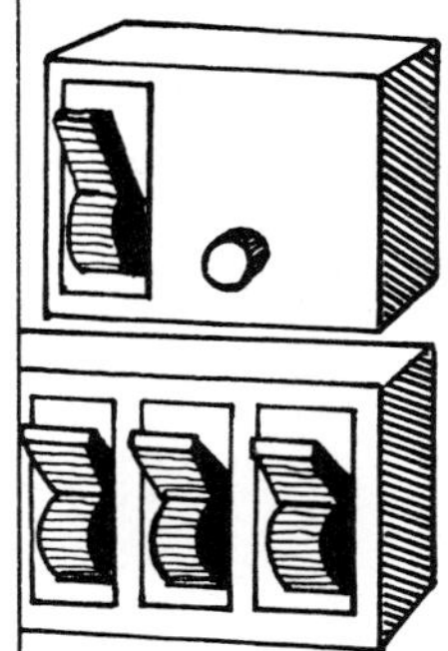

Vom Sicherungs-
kasten fließt der
Strom zu den ein-
zelnen Räumen.

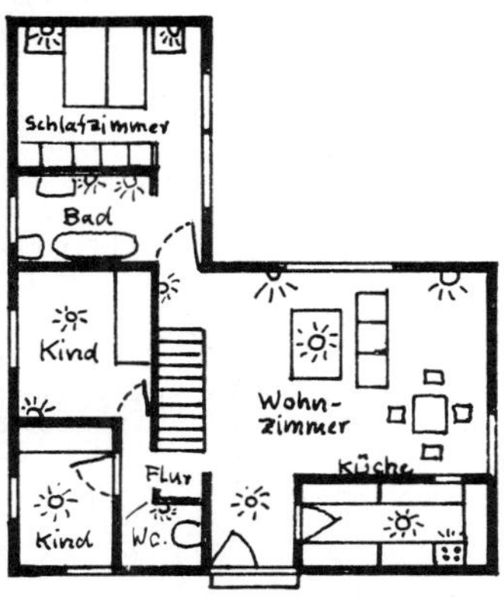

Im Zimmer
werden die
Lampen an
den Strom
angeschlos-
sen.

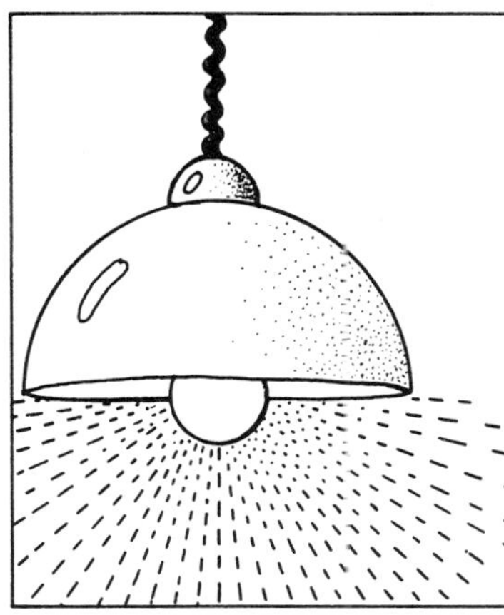

In den Räu-
men können
wir den
Strom aus
der Steck-
dose ent-
nehmen.

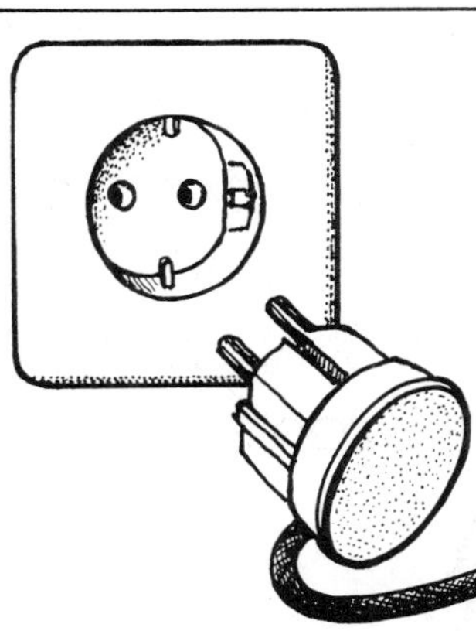

An die Steck-
dose können wir
verschiedene
elektrische
Geräte an-
schließen.

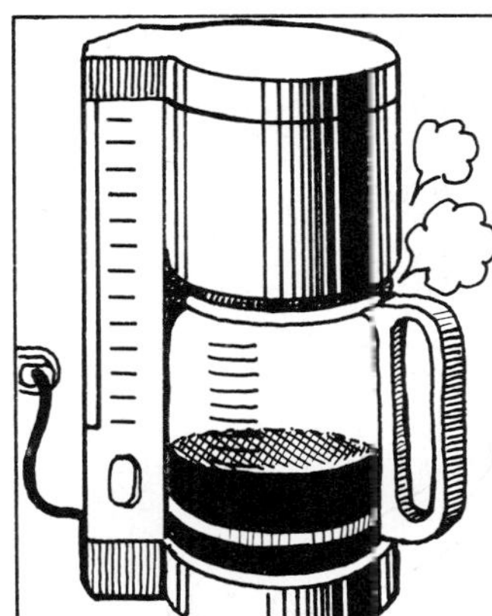

E

Ende

5.10.3 Sachkartei: Die Teile einer Batterie und eines Glühlämpchens

Benenne die einzelnen Teile!

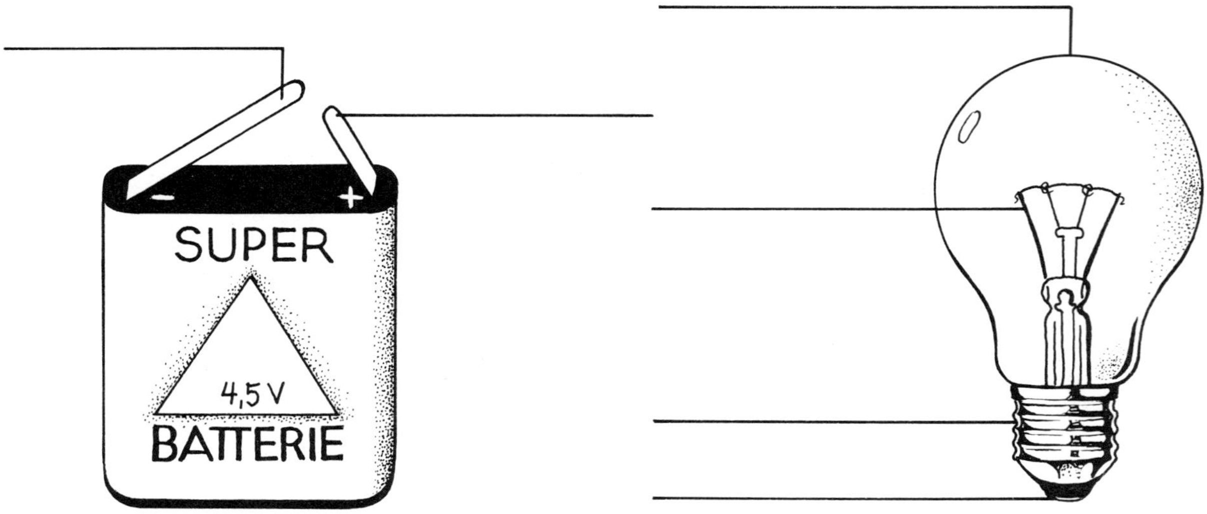

Lösung:

Benenne die einzelnen Teile!

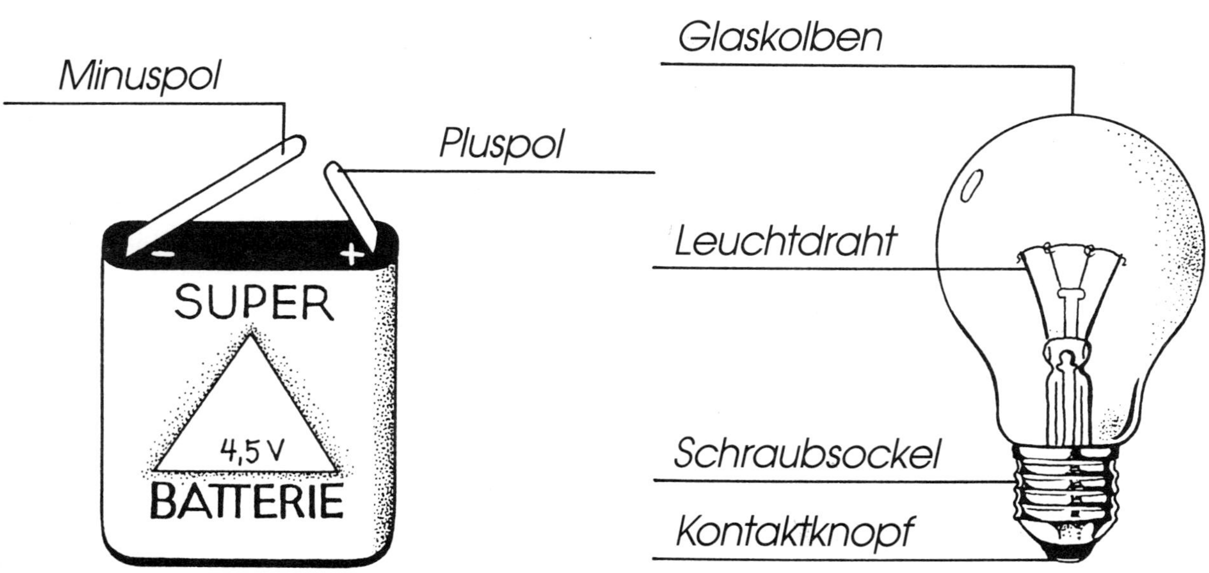

5.10.4 Stöpselkarte: Welches Lämpchen leuchtet?

Welches Lämpchen leuchtet?	ja	nein

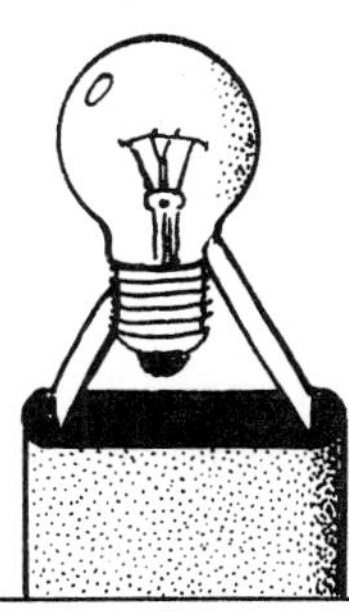		

5.10.5 Sachkartei: Wie fließt der elektrische Strom?

Wie fließt der elektrische Strom?
Bestimme die Reihenfolge!

Batterie, Minuspol, Leuchtdraht, Pluspol, Kontaktstelle, Batterie, Kontaktstelle

____

____

____

____

____

Wie fließt der elektrische Strom?
Bestimme die Reihenfolge!

Batterie, Minuspol, Leuchtdraht, Pluspol, Kontaktstelle, Batterie, Kontaktstelle

Batterie, Pluspol,

Kontaktstelle, Leucht-

draht, Kontaktstelle,

Minuspol, Batterie

____

5.10.6 Würfelspiel

Ereigniskarten: Wie gehen wir mit dem elektrischen Strom um?

(1)
Ich schalte den Elektroherd frühzeitig ab und nutze so die Restwärme aus.

Vor auf 10!

(17)
Ich lasse die Kühlschranktür offen stehen.

Zurück auf 12!

(6)
Ich benütze beschädigte Kabel und Steckdosen.

Zweimal aussetzen!

(20)
Ich spiele an der Steckdose herum.

Einmal aussetzen!

(9)
Zum Kochen verschließe ich den Topf mit einem genau passenden Deckel.

Noch einmal würfeln!

(23)
Ich lasse meinen Drachen nicht in der Nähe von Hochspannungsleitungen steigen.

Vor auf 27!

(11)
Energiesparlampen in Räumen, in denen über längere Zeit das Licht brennt, helfen Strom sparen.

Vor auf 16!

(28)
Ich klettere auf einen Strommasten.

Einmal aussetzen!

(33)
In meinem Zimmer läuft den ganzen Tag das Radio.

Zurück auf 27!

(54)
Sobald es hell genug ist, schalten wir im Klassenzimmer am Morgen das Licht aus.

Vor auf 60!

(38)
Beim Kochen stelle ich den Topf auf die genau passende Herdplatte.

Vor auf 45!

(59)
Ich lasse den ganzen Tag den Heizlüfter laufen.

Zurück auf 50!

(43)
In der Badewanne trockne ich mir mit dem Fön die Haare.

Zurück auf 35!

(63)
Wenn ich mein Zimmer für längere Zeit verlasse, schalte ich den Kassettenrecorder aus.

Noch einmal würfeln!

(48)
Vor dem Säubern von Elektrogeräten ziehe ich den Stecker aus der Dose.

Noch einmal würfeln!

(67)
Ich lasse, auch wenn ich nicht im Zimmer bin, das Licht brennen.

Zurück auf 55!

5.11.1 Würfelspiel

Ereigniskarten: Herbst und Winter verändern die Straßenverhältnisse

(1)
Es regnet so fest, daß der Radfahrer fast nichts mehr sehen kann. Er steigt ab und schiebt sein Rad.

Vor auf 10!

(17)
Wenn ich den Regenschirm aufgespannt habe, halte ich ihn so, daß ich den Verkehr nicht mehr sehen kann.

Zurück auf 12!

(6)
Bei sehr nebligem oder regnerischem Wetter fährt ein Radfahrer gedankenlos ohne Licht.

Zweimal aussetzen!

(20)
Die Schneedecke auf der Straße ist festgefahren und vereist. Deshalb kann ich darauf gut Schlitten fahren.

Einmal aussetzen!

(9)
Wenn ich ein Auto mit vereisten Scheiben sehe, weiß ich, daß der Fahrer kaum etwas sieht und ich besser aufpassen muß.

Noch einmal würfeln!

(23)
Im Winter wird es früh dunkel. Deshalb ist es besonders wichtig, als Fußgänger helle Kleidung anzuziehen.

Vor auf 27!

(11)
Es hat stark geschneit. Ich lasse das Fahrrad zu Hause und gehe zu Fuß.

Vor auf 16!

(28)
Bei Glatteis veranstaltest du mit deinen Freunden eine Schneeballschlacht in der Nähe von fahrenden Autos.

Einmal aussetzen!

(33)
Draußen ist es glatt. Ich springe trotzdem aus dem Bus heraus.

Zurück auf 27!

(54)
Im Herbst fallen die Blätter von den Bäumen. Das Laub wird naß, die Rutschgefahr größer. Ich achte darauf.

Vor auf 60!

(38)
Wenn die Straße glatt ist, muß ich damit rechnen, daß Autofahrer ins Schleudern kommen. Ich meide den Fahrbahnrand.

Vor auf 45!

(59)
Bei starkem Schneefall ziehe ich Mütze und Schal so ins Gesicht, daß ich fast nichts mehr sehen kann.

Zurück auf 50!

(43)
Im Herbst ist es oft trüb und früh dunkel. Zum Spazierengehen ziehe ich dunkle Kleidung an.

Zurück auf 35!

(63)
Bei Glatteis ist die Rutschgefahr besonders hoch. Ich gehe langsam und vorsichtig.

Noch einmal würfeln!

(48)
Bei starkem Nebel fährt der Radfahrer mit Licht, damit er besser gesehen wird.

Noch einmal würfeln!

(67)
Bei Glatteis ziehe ich Schuhe mit glatter Sohle an, damit ich besser rutschen kann.

Zurück auf 55!

5.11.2 Lernschieber: Das verkehrssichere Fahrrad

Knicken	Knicken	Klebefalz

Klingel (Glocke)	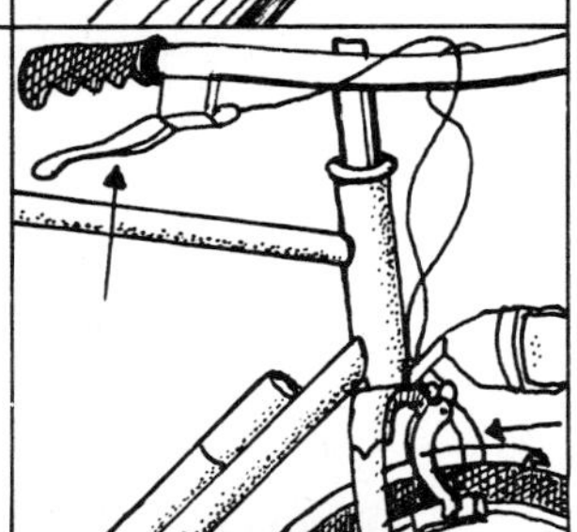
Vorderrad-bremse	
Hinterrad-bremse (Rück-trittbremse)	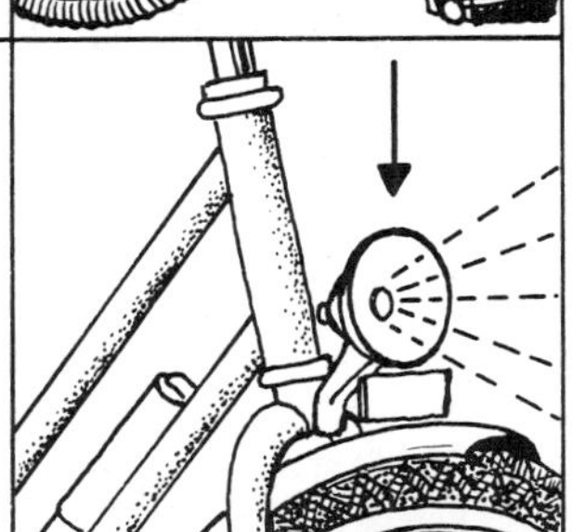
Scheinwerfer	

Rücklicht	
Rückstrahler	
Tretstrahler	
Speichen-reflektoren	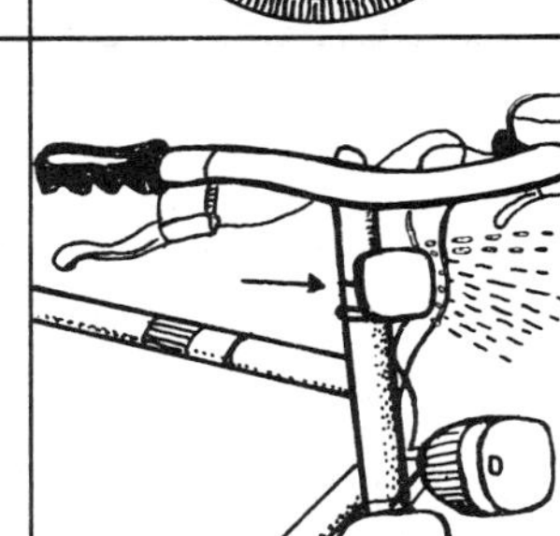
Reflektor am Lenker	